# Catéchisme religieux des libres penseurs

Louis Ménard

ALICIA ÉDITIONS

# Table des matières

## Catéchisme religieux des libres penseurs
### Louis Ménard

1. DE LA RELIGION ET DE SES DIFFÉRENTES FORMES — 7
   Religions antiques. — 8
   Religions modernes. — 11

2. RAPPORTS DE LA RELIGION AVEC LA SCIENCE, L'ART ET LA MORALE — 15
   La Science et la Religion. — 16
   L'Art et la Religion. — 17
   La Morale et la Religion. — 20
   La Politique et la Religion. — 22

3. DE LA SYMBOLIQUE ET DES FONDEMENTS DE LA FOI — 26
   Nécessité de l'Herméneutique. — 26
   Mythologie chrétienne. — 30
   Choix d'une religion. — 33

4. DE LA NATURE DES DIEUX ET DE LA QUESTION DU MAL — 37
   Les Lois physiques et les Lois morales. — 37
   Expression humaine du divin. — 40
   De la douleur et du péché. — 44

5. DE LA VIE ÉTERNELLE — 48
   Sanction morale dans les religions unitaires. — 48
   Solution hellénique du problème de la mort. — 51
   État présent des croyances. — 58

LE DERNIER APÔTRE DE L'HELLÉNISME — 63
Maurice Barrès

# Catéchisme religieux des libres penseurs

Louis Ménard

## Chapitre 1

# DE LA RELIGION ET DE SES DIFFÉRENTES FORMES

La religion est un lien moral qui rattache l'homme à l'univers et à la société au moyen d'un ensemble de dogmes, c'est-à-dire de croyances ou d'opinions sur la nature des choses et la destinée humaine. Les cérémonies ou pratiques extérieures par lesquelles peuvent se manifester ces croyances constituent le culte public ou privé.

Il y a plusieurs religions, comme il y a plusieurs races, plusieurs langues, plusieurs états politiques. Cette diversité impose à chacun le devoir de respecter dans les autres la liberté qu'il réclame pour lui-même. La libre pensée n'implique pas une négation systématique de toute religion et rien n'empêche les libres penseurs de s'attacher à celle qui leur convient, mais ils ne reconnaissent d'autres juges qu'eux-mêmes des motifs qui peuvent déterminer leur choix. Leur catéchisme n'est pas l'exposé dogmatique d'une religion particulière, c'est une méthode pour se faire des croyances, un résumé des traditions religieuses du genre humain.

Les formes de la religion étant différentes suivant les lieux et suivant les temps, on peut les classer dans un ordre chronologique ou dans un ordre géographique et ethnologique. Si on compare les religions antiques aux religions modernes, on voit qu'en général les premières se sont surtout occupées de l'origine des choses et de l'ensemble du monde, tandis que les dernières s'occupent plutôt de la nature de l'homme et de sa destinée. On peut donc dire que les unes sont des systèmes de physique, les autres des systèmes de morale.

Religions antiques.

La révélation primitive, c'est-à-dire la première impression de l'ensemble des choses sur l'esprit humain, se traduit de différentes manières selon le génie particulier des différentes races. On peut concevoir l'univers comme une machine, comme un animal ou comme un concert. À ces trois conceptions répondent les trois grandes formes de la religion dans l'Antiquité : le Monothéisme regarde la nature comme une matière inerte mue par une volonté extérieure ; le Panthéisme se la représente comme une unité vivante, ayant en elle-même son principe d'action ; le Polythéisme y voit un ensemble d'énergies indépendantes, dont le concours produit l'harmonie universelle.

Il n'y a pas lieu de discuter le système rattachant toutes les religions à une source unique qu'on nommait la religion naturelle ; ceux qui l'ont imaginé, persuadés que le Monothéisme était la vérité, supposaient que les autres formes religieuses n'en étaient que des altérations. À cette hypothèse, abandonnée aujourd'hui, a succédé celle d'un fétichisme primitif, qui part d'une autre vue théorique et ne s'appuie pas davantage sur l'histoire. Le fétichisme n'est pas une religion puisqu'il ne répond à aucune vue d'ensemble ; il permet seulement de constater que le sentiment religieux existe à l'état embryonnaire même dans les races inférieures. On le retrouve à toutes les époques chez ceux qui restent confinés dans les limbes de l'intelligence. Ces terreurs vagues qu'on croit conjurer par des pratiques arbitraires ; cette tendance à attribuer à certains objets, à certaines paroles, à certains hommes une puissance surnaturelle, tout ce qui constitue le fétichisme des tribus sauvages, se retrouve chez les peuples les plus civilisés sous le nom de superstition. Il n'est pas impossible que tel ait été le point de départ de la religion pour les races les mieux douées, mais comme on n'en a aucune preuve, il n'est pas scientifique de l'affirmer.

Le plus ancien de tous les livres, le Véda, nous fait assister à l'éclosion du sentiment religieux, et à celle de la langue religieuse, qui est la mythologie. Le sanscrit védique est le plus ancien des dialectes indo-européens ; la religion védique est la forme la plus ancienne du Polythéisme, religion naturelle de la race indo-européenne. On trouve néanmoins dans le Véda le germe des transformations religieuses qui se sont accomplies dans les deux branches orientales de cette race, les Aryas de l'Inde et les Iraniens de la Perse. Le Polythéisme nous est présenté dans la poésie grecque sous une forme moins ancienne que dans le Véda, mais beaucoup plus parfaite. Au-dessus des forces, l'Hellénisme conçoit des lois qui s'enchaînent sans hiérarchie dans un ordre éternel ; il cherche le divin dans l'humanité, et par le culte des Héros prépare cette apothéose des vertus humaines qui devait se résumer plus tard dans le dogme chrétien de l'Homme-Dieu.

La religion des Romains et celle des Grecs ne sont guère plus éloignées l'une de l'autre que les langues de ces deux peuples ; mais par la prédominance du culte sur le dogme, par l'importance qu'ils ont attribuée aux fonctions sacerdotales, les Romains ont préparé le règne d'une théocratie dans l'Occident.

Quoique le Véda soit resté le livre sacré des Aryas de l'Inde, leur religion a passé du Polythéisme au Panthéisme. Cette transformation s'est produite à une époque indéterminée, mais il est certain qu'elle répond à l'établissement du régime des castes et qu'elle a été l'œuvre des brahmanes. On retrouve le Panthéisme associé au système des castes dans la plus ancienne civilisation du monde, celle de l'Égypte. Mais tandis que le Panthéisme indien n'a été que le produit d'une élaboration sacerdotale, le Panthéisme égyptien présente le caractère d'une religion naturelle. La vie universelle s'y révèle dans son unité par l'action du soleil sur la nature, dans sa diversité par les formes animales. Le culte du soleil était associé dans la religion égyptienne au culte des animaux, qui est la forme ordinaire du fétichisme chez les races africaines. La croyance à la résurrection des corps paraît avoir été dès l'origine un des dogmes de l'Égypte : c'est à cette croyance, plutôt qu'à la doctrine grecque de l'immortalité de l'âme, que les chrétiens ont emprunté leurs opinions sur la vie future.

Il est difficile de dire si le Monothéisme est né spontanément à l'aspect du désert, où règne une force unique, le Simoun, celui dont le souffle est un feu dévorant, ou s'il s'est développé peu à peu comme une protestation du sentiment national des Juifs contre les influences étrangères, mais il est certain que le dogme de l'unité divine a été le dogme fondamental de la religion hébraïque. Ceux qui croient l'esprit humain à jamais enfermé dans ce dogme s'étonnent de ne le trouver que chez un peuple si inférieur dans l'art, dans la science et dans la politique aux grandes nations de l'Antiquité, mais ils ajoutent que le peuple juif étant prédestiné au rôle d'initiateur religieux du genre humain, cette mission providentielle compense largement tout ce qui lui a manqué ; ceux qui jugent les doctrines religieuses par les civilisations qu'elles ont produites arrivent naturellement à une conclusion différente. La religion chrétienne et la religion musulmane se rattachent au Judaïsme par l'emprunt qu'elles lui ont fait de sa conception monarchique de l'univers, mais elles ont en même temps emprunté à d'autres religions deux dogmes dont il n'y pas de trace dans la Bible hébraïque, le dogme du mauvais principe et de la chute des anges, et le dogme de la résurrection et du jugement dernier.

Tandis que le Polythéisme de la race indo-européenne était absorbé dans l'Inde par l'unité complexe du Panthéisme, les Iraniens lui faisaient subir une transformation toute différente. Les luttes dont la nature est le théâtre, et qui tiennent une place importante dans le Véda, dans la cosmogonie hellénique et dans les mythologies du Nord, sont ramenées par la religion mazdéenne à l'antagonisme de deux principes, la lumière et les ténèbres. L'opposition de ces deux principes se traduit dans l'homme et dans la société par la lutte du bien et du mal. L'expression physique de cette conception religieuse devait se subordonner à son aspect moral dans une religion de seconde formation ; le Dualisme iranien est en effet une réforme que la tradition a rattachée au nom de Zoroastre et qui sert de passage entre les religions antiques et les religions modernes. Le Monothéisme hébraïque pouvait, sans renoncer à son principe, faire des emprunts au Dualisme ; la doctrine mazdéenne du Diable et des hiérarchies céleste et infernale, quoique étrangère à la Bible, finit par s'infiltrer chez les Juifs, et c'est par leur intermédiaire qu'elle a passé dans la religion des chrétiens et dans celle des musulmans.

## Religions modernes.

Après s'être répandue sur le monde extérieur, l'intelligence se replie sur elle-même ; à la religion de la nature succède la religion de l'humanité représentée par le Bouddhisme en Orient, par le Christianisme en Occident. L'homme trouve la plus haute expression du divin dans le triomphe de l'âme sur les attractions du dehors ou dans le sacrifice de soi-même pour le salut de tous.

Le dogme unitaire de la vie universelle s'était produit sous la forme la plus absolue dans l'Inde brahmanique : c'est de là que devait sortir la plus énergique protestation, car la pensée humaine oscille comme le pendule, et la réaction est proportionnelle à l'intensité de l'action. De la religion du Grand Tout sort la religion du Vide ; au sommet de l'échelle de la vie et des métamorphoses, le Bouddhisme place le Néant comme le dernier terme de la béatitude et la suprême espérance de la vertu. Chassé de l'Inde qui avait été son berceau, le Bouddhisme s'est étendu par une propagande pacifique sur le Tibet, l'Indo-Chine, la Tartarie, la Chine et le

Japon ; c'est la religion qui compte aujourd'hui le plus de sectateurs.

Le Christianisme n'est pas sorti comme le Bouddhisme d'une source unique, mais d'un compromis entre l'Hellénisme et le Judaïsme déjà transformés, l'un par la philosophie, l'autre par des religions étrangères. À côté du Monothéisme juif se place le grand symbole de l'Homme-Dieu qui résume tout l'anthropomorphisme grec. Au principe de l'ordre universel est associée, dans l'unité du divin, la loi morale sous la forme la plus haute, la rédemption par la douleur. Autour du Rédempteur, type idéal du sacrifice de soi-même, se déroule, dans le ciel bleu de la conscience, la chaîne lumineuse des vertus vivantes, la pureté des vierges et l'héroïsme des martyrs. La transformation des mœurs sous l'influence de la philosophie explique la préférence accordée en général aux vertus ascétiques sur les vertus actives, quoique cette préférence soit moins exclusive chez les chrétiens que chez les bouddhistes.

La nature n'est pas réduite par le Christianisme à une pure illusion, comme dans le Bouddhisme, mais le Prince de ce monde en a fait le théâtre de son action malfaisante, et quoique la création soit une œuvre divine, le royaume du Christ n'est pas de ce monde ; il est roi du monde intérieur. Le dogme persan du Diable, qui a tenu tant de place dans la mythologie chrétienne au Moyen Âge, tend à s'effacer de plus en plus. De même, le dogme égyptien de la fin du monde, du jugement dernier et de la résurrection des corps, très important aux débuts du Christianisme, a cédé peu à peu la place au dogme grec de l'immortalité de l'âme, plus conforme au génie des peuples européens.

La dernière des religions dans l'ordre des temps, l'Islamisme, est un prolongement du Judaïsme transformé, ou, ce qui revient au même, un Christianisme dépouillé de ses éléments grecs. En supprimant l'incarnation du divin dans l'humanité, qui comblait l'abîme entre le Dieu et l'homme, Mahomet ramena le Monothéisme à sa rigidité, tempérée seulement par la croyance au

Diable et à la vie future, que les Juifs eux-mêmes avaient fini par accepter.

L'Islamisme n'a pas étendu sa sphère d'action au-delà des limites tracées depuis longtemps par la conquête musulmane ; toutefois, un rapprochement inconscient paraît se préparer entre des religions longtemps ennemies. Des efforts sont tentés pour ramener, dans un but d'épuration, le dogme chrétien à sa source juive. En réduisant ainsi la légende aux proportions de l'histoire, on ôte à l'Homme-Dieu son caractère symbolique et on le rapproche de plus en plus de Moïse ou de Mahomet. Il n'y a qu'une nuance entre la religion juive ou musulmane et ce Christianisme sans mythologie, qu'on nommait Déisme au dernier siècle, et qu'on déclarait la seule religion raisonnable. Cette doctrine est très répandue aujourd'hui dans la classe lettrée ; ceux qui la croient favorable aux progrès de la civilisation peuvent en étudier les effets dans les pays musulmans.

La langue mythologique est si éloignée de nos habitudes d'esprit que le plus souvent on s'arrête à la lettre du symbole religieux, sans même essayer de la traduire sous une forme abstraite qui la ferait aussitôt comprendre. Ainsi quand la Révolution a célébré dans les églises de France le culte de la Raison, personne, ni parmi les partisans, ni parmi les adversaires de cette mesure, n'a remarqué que la Raison avait toujours été adorée dans ces mêmes églises, sous le nom de Verbe ; il n'y avait qu'un changement de sexe, et les idées n'en ont pas. De même aujourd'hui, une école de philosophes, qui veut fonder une religion sur la science positive, déclare que l'humanité doit désormais s'adorer elle-même ; il y a longtemps que cela n'est plus à faire. Seulement il n'y a pas de religion sans culte, et un peuple ne peut adorer une de ces abstractions que les mêmes philosophes appellent des entités. S'ils étudiaient le mécanisme de la langue mythologique, ils reconnaîtraient que le Christianisme a toujours adoré l'humanité dans son type idéal, celui d'un Dieu homme, qui meurt pour le salut du monde. Quant à ceux qui pensent que, pour écarter le danger de la superstition et de la théocratie, il suffirait de remplacer les affirmations religieuses par des négations, qu'ils étudient les nations bouddhistes ; ils pourront se convaincre que l'athéisme n'est pas un préservatif contre la théocratie, et que le néant offert comme perspective et comme récompense aux vertus humaines n'empêche pas le développement d'innombrables superstitions.

## Chapitre 2

# RAPPORTS DE LA RELIGION AVEC LA SCIENCE, L'ART ET LA MORALE

L'intelligence humaine poursuit la découverte du vrai, du beau et du juste. La science, l'art et la morale, qui répondent à ces trois ordres de recherches, se rattachent par des côtés différents à la religion, qui est le lien général des hommes réunis en société, la forme spontanée de leur pensée collective, l'expression la plus haute de leur idéal. Mais la morale, l'art et la science sont aussi anciens que la religion, puisqu'ils remontent comme elle aux origines de l'humanité ; ce ne sont pas des enfants ingrats ou tardivement émancipés, qui voudraient dépouiller leur mère de son héritage. Chacune des formes de l'activité humaine a sa part à cultiver dans le champ commun de la civilisation, et il n'y a pas de raison pour que la religion en soit éliminée plus que les autres. Seulement, il est nécessaire de tracer les limites dans lesquelles doit s'exercer chacune des énergies de l'intelligence, de fixer les rapports de la religion avec la morale, la science et l'art.

## La Science et la Religion.

La science observe les faits particuliers et les apparences changeantes pour en déduire des lois générales ; elle corrige elle-même ses erreurs et fixe elle-même ses limites. Les sociétés humaines marchent à la conquête de la vérité comme des aventuriers débarqués sur une côte inconnue. On s'avance au milieu des rochers, dans les gorges profondes où plane une religieuse horreur. Des bruits menaçants sortent des cavernes, le vent gronde à travers l'épaisse forêt, et la nuit multiplie les fantômes. Il faut avancer, cependant, à petits pas, en évitant les fondrières, sous la protection du grand ciel qui allume pour nous ses étoiles. On atteint les hauteurs, l'ombre se dissipe, l'horizon s'élargit, on rit des épouvantes passées. Et pourtant l'imagination n'avait pas menti, mais il faut comprendre sa langue mystérieuse. Ces spectres qui rugissaient dans la nuit, c'étaient nos terreurs qui prenaient un corps aux bruits confus de la tempête ; ces lumières sacrées qui nous guidaient du haut du ciel, c'étaient la raison et la conscience ; ces glaives et ces boucliers invisibles qui nous protégeaient contre tous les dangers, c'étaient la vertu de l'homme et son courage : nous ne nous étions pas trompés, ce sont là en effet des secours divins. La science ne traite pas la religion en ennemie quand elle en explique les symboles : elle lui offre au contraire un asile et une forteresse où le doute et la raillerie ne l'atteindront plus.

La sphère de la religion est la croyance, la sphère de la science est la certitude. L'imagination et la foi règnent sur le domaine illimité de l'incertain et de l'inconnu ; mais à mesure que la science y étend ses découvertes, il faut que la croyance lui cède la place ; on ne peut pas croire le contraire de ce qu'on sait. Il est clair, par exemple, que la fable juive de Josué retardant le coucher du soleil pour achever le massacre de ses ennemis, et la fable grecque d'Hèrè faisant coucher le soleil plus tôt pour arrêter le carnage, ne peuvent se concilier avec les progrès de l'astronomie. Les sciences physiques sont fondées sur la fixité des lois de l'univers ; les sciences historiques sur le contrôle sévère des traditions. Mais tout ce que la science a droit de demander aux croyances c'est de ne pas la contredire ; le champ de l'inconnu étant sans bornes, il y aura toujours de la place pour la religion. Rien ne peut obliger la science à admettre ce qui n'est pas démontré, mais rien ne peut empêcher la religion de garder ses croyances sur les questions que la science n'a pas pu résoudre.

La connaissance complète de la vérité est l'asymptote de la science, on peut s'en approcher de plus en plus, mais on ne peut espérer l'atteindre jamais. La raison générale des choses, qui est le terme inaccessible de nos recherches, la religion essaye de la deviner. Elle expose les croyances de l'homme sur sa destinée, problème que la science ne peut pas même aborder, car l'origine et la fin des choses échappent à l'observation. L'esprit humain est ainsi fait qu'il lui faut des vues d'ensemble et qu'il s'intéresse aux questions d'origine et de fin, quoiqu'il sache qu'il ne peut vérifier ses solutions. Il croit ce qui lui paraît vraisemblable ; sans doute la foi n'est pas la certitude ; mais il est bon qu'il en soit ainsi : celui qui posséderait la vérité entière s'endormirait dans l'inertie de l'intelligence, car il n'aurait plus rien à chercher. Si l'homme se décourageait devant ces problèmes toujours posés et jamais résolus, il perdrait les aspirations incessantes qui entretiennent son activité et qui font sa grandeur.

L'Art et la Religion.

Le domaine de la science est la réalité, celui de la morale et de l'art est l'idéal. Le réel n'est qu'une des formes du possible, l'idéal en est la règle ; il est supérieur au réel, car il représente la loi et la raison des choses, ce qui devrait exister.

La beauté est la loi dans l'ordre physique. Elle n'est pas susceptible d'être démontrée comme la vérité, mais l'homme la conçoit par son intelligence, il aime à en reconnaître l'application dans la nature et il cherche à l'appliquer à ses propres créations. Parmi les diverses formes du travail, il en est, comme les œuvres de l'architecture et de l'industrie, que l'homme produit pour son usage, mais il cherche en même temps à les orner, à les rendre belles ; d'autres formes de l'art, comme la poésie, la musique, la sculpture, la peinture, n'ont pour objet que de satisfaire l'aspiration naturelle de l'intelligence vers la beauté.

L'homme étant un animal social, le premier instrument dont il a besoin est celui qui lui permet de communiquer avec ses semblables ; le langage est donc la plus ancienne des œuvres d'art, et c'est pour cela qu'Homère, qui définit toujours d'un mot le caractère distinctif de chaque chose, appelle l'homme *Mérope*, c'est-à-dire l'être au langage articulé. L'étude analytique des langues flexionnelles, les plus parfaites de toutes, y a fait reconnaître des racines exprimant des idées générales et répondant à ces qualités premières qui agissent sur nous par la sensation et qui nous permettent de distinguer les choses et de les nommer. Cette analyse nous fait en même temps comprendre la formation de la mythologie, langue naturelle de la religion. Les principes généraux qui se manifestent par les apparences sont ce que la religion appelle les Dieux. À l'origine, la mythologie ne se distingue pas des autres formes du langage ; tout ce qui agit sur l'homme est conçu comme une force analogue à la sienne et ne peut être représenté que par cette assimilation. Elle devient plus complète encore pour les Dieux quand, par l'observation de l'ordre des choses dans le temps et dans l'espace, la religion s'élève, comme chez les Grecs, de l'idée de force à l'idée de loi, car c'est dans la conscience humaine que nous trouvons le type d'une loi qui se connaît elle-même.

Le langage arrive à sa plus haute expression artistique dans la poésie, qui est la parole rythmée, et qui, à l'origine, est toujours associée à la musique et souvent à la danse. Les autres formes de l'art se développent en même temps et s'élèvent plus ou moins haut selon le génie des races. C'est à tort qu'on a regardé l'art comme un produit de la religion ; si les premières poésies de l'Inde sont des hymnes, les premières poésies de la Grèce sont des épopées héroïques. Les hommes ont construit des habitations pour eux et leurs familles avant d'élever des temples à leurs Dieux. Les plus anciennes statues égyptiennes prouvent que les arts plastiques ont cherché à reproduire la réalité avant de s'élever à l'idéal. Ce n'est pas à ses débuts que l'art présente un caractère religieux, c'est à son apogée ; il commence et finit par la réalité : l'idéal est au sommet.

La religion a fourni à l'art ses inspirations les plus hautes, mais tous les systèmes religieux ne lui sont pas également favorables. L'Hellénisme, qui trouvait dans la beauté l'expression visible du divin, a donné à toutes les formes de l'art un magnifique élan ; la sculpture s'est élevée, en Grèce, à une hauteur qui ne sera jamais dépassée. Mais les religions sacerdotales en ont arrêté le développement, soit en l'enfermant, comme en Égypte, dans des types consacrés, soit en l'obligeant, comme dans l'Inde, à traduire des idées abstraites par des formes monstrueuses. Le Monothéisme va plus loin encore, il la proscrit absolument comme un danger d'idolâtrie. Le Christianisme lui-même a cédé plus d'une fois à des tendances iconoclastes ; sa morale ascétique a longtemps entravé l'étude de la forme humaine ; les sectes protestantes, fort attachées à la Bible, sans condamner comme les juifs et les musulmans toute représentation graphique, ont certainement arrêté l'essor de la peinture religieuse.

Si la religion a quelquefois exercé une heureuse influence sur l'art, il faut ajouter que l'art lui a bien payé sa dette, et que l'influence a été réciproque. Les poètes et les sculpteurs ont été les véritables théologiens de l'Hellénisme, car ce sont eux qui ont donné un corps aux croyances populaires ; la poésie a fixé les traditions mythologiques, la sculpture a précisé les types divins. Les Dieux de la Grèce n'ont plus aujourd'hui ni temples, ni fidèles ; mais quand, après plus de mille ans, on retrouve leurs images sous quelque buisson de la Grèce ou de l'Italie, l'art les a rendues sacrées, et on les entoure de respect et d'admiration. Même dans le Christianisme, l'œuvre des artistes a été bien plus grande qu'on ne le croit généralement. Les légendes des saints sont une véritable littérature populaire, où le clergé n'a eu qu'une faible part. Le culte de la Vierge n'est pas sorti tout entier de quelques versets de l'Évangile : à l'idéal féminin qui flottait confusément dans la pensée du Moyen Âge, il fallait une forme définitive ; l'art de la Renaissance la lui a donnée, et le véritable apôtre de la Mère de Dieu, c'est Raphaël.

## La Morale et la Religion.

La beauté est la loi du monde physique ; la justice est la loi du monde moral. L'idéal moral ne peut être réalisé que par la libre volonté de l'homme, et il dépend de nous qu'il le soit. Entre les formes possibles de notre activité, il y en a une que nous savons la meilleure, la seule qui convienne à la dignité de notre nature. Nous ne sommes satisfaits de nos actes que lorsqu'ils sont conformes à cette règle, et nous éprouvons une répugnance naturelle pour ceux de nos semblables qui ne s'y conforment pas. L'appréciation de la beauté est variable, et nul ne peut reprocher à son voisin de ne pas partager ses goûts ; la loi morale, au contraire, a un caractère obligatoire ; les axiomes de la conscience sont impératifs ; ils s'imposent par leur évidence, et l'on ne peut s'empêcher de les admettre. Cette certitude est même supérieure à la certitude scientifique, car elle n'a pas besoin d'être vérifiée ou démontrée. Elle existe chez tous les hommes, et si l'un de nous transgresse la loi morale, les autres sont persuadés qu'il a su ce qu'il faisait et qu'il aurait pu faire autrement.

Cette persuasion, fondée sur la foi au libre arbitre de l'homme, entraîne la réprobation des actes contraires à la justice et le droit social de punir. Mais ce droit, la société ne peut pas toujours l'exercer, et souvent aussi elle l'exerce mal. La conscience humaine proteste contre cette impuissance et contre ces erreurs ; il lui faudrait un tribunal d'appel, dont les jugements infaillibles s'exécuteraient au-delà des bornes de la vie. La morale demande cette sanction suprême à la religion, qui la lui offre sous différentes formes ; le Monothéisme punit le coupable dans sa postérité, solution dont l'insuffisance fut corrigée plus tard par le dogme de la résurrection ; le Panthéisme conduit l'homme à travers des transmigrations expiatoires ; le Polythéisme affirme l'immortalité de l'âme et fait de chacun de nous l'artisan de sa destinée. Quant aux religions modernes, elles ont emprunté aux religions antiques leurs croyances sur la vie future.

La manière dont l'homme conçoit le principe et le caractère de la loi morale est en rapport avec l'idée qu'il se forme de l'ensemble des choses, puisque lui-même fait partie de l'univers. Dans le Monothéisme, la morale est la soumission absolue à la toute-puissance divine : la loi descend du ciel au milieu des éclairs, l'homme la reçoit à genoux et l'exécute en tremblant. Dans le Panthéisme, le monde étant un être unique, les manifestations que nous nommons les êtres finis n'ont pas d'existence propre, et partant aucun droit individuel. Le Polythéisme, au contraire, considère le monde comme une fédération de forces distinctes et de lois multiples. L'homme sent en lui une force libre, qui est sa volonté, et une règle qui est sa conscience. Cette règle ne lui est pas imposée par une volonté supérieure, elle est lui-même et consiste dans le développement normal de ses énergies ; c'est en vivant selon sa nature qu'il accomplit sa destinée et concourt pour sa part à l'ordre universel.

Ce rapport nécessaire entre la religion des peuples et leur morale n'implique pas une subordination de la morale à la religion, ce qui serait inadmissible, car les dogmes religieux ne s'appuient que sur la croyance, tandis que les affirmations de la conscience portent le caractère de la certitude. On ne peut soumettre la morale à la religion qu'au détriment de l'une et de l'autre. Ainsi les actes contraires à la morale et accomplis au nom de la religion, les autodafé, qui sont des sacrifices humains offerts en vue de l'unité du dogme, et en général toutes les persécutions exercées sous quelque forme que ce soit contre la libre expression de la pensée, sont le signe d'une incurable faiblesse chez les religions qui ne peuvent supporter le contrôle de la raison, et annoncent chez les peuples qui consentent à les subir une perversion absolue du sens moral.

La Politique et la Religion.

Comme les hommes vivent toujours en société, la morale, qui fixe la direction à donner aux activités humaines, est inséparable de la politique, qui cherche la loi des relations sociales. Mais une société se compose de volontés libres, qui peuvent accomplir la loi du juste ou la violer ; il est difficile de réunir ces énergies indépendantes en un faisceau unique et de les diriger dans le sens du bien. De là vient la différence des systèmes politiques, quoique la nécessité de suivre la loi morale soit partout reconnue. Une société peut être fondée sur l'autorité ou sur la liberté. Le système d'autorité investit un ou plusieurs hommes de la force collective, à la charge de faire exécuter la loi morale par chacun dans l'intérêt de tous. Malheureusement les dépositaires de ce pouvoir étant eux-mêmes des volontés libres, peuvent violer à leur profit la loi qu'ils sont chargés de faire observer. À ce système se rattachent les diverses formes de la hiérarchie, c'est-à-dire presque toutes les sociétés humaines ; il y en a même des exemples chez les animaux : la monarchie des abeilles, l'aristocratie des fourmis. La démocratie, qui est l'application du principe de liberté, considère la société comme un contrat mutuel d'assurances contre les violations particulières de la loi consentie par tous. Comme elle est très difficile à réaliser, la démocratie se produit rarement dans l'histoire, et seulement chez les races supérieures et dans les époques de haute civilisation. Parmi les sociétés qui ont essayé de marcher dans cette voie, celles qui ont approché du but ne sont que des points imperceptibles dans le temps et dans l'espace : il est vrai que le soleil aussi n'est qu'un point dans l'immensité.

Le réel étant le miroir de l'idéal, les sociétés s'ordonnent selon la manière dont elles conçoivent l'ordre de l'univers, et les transformations de la politique réfléchissent celles de la pensée religieuse. Le Polythéisme, dont le principe est la pluralité des causes, a pour expression sociale la république. Mais si le Polythéisme s'arrête à la notion des forces, leur hiérarchie se traduit naturellement dans la société : aussi la république romaine est-elle aristocratique. Si la religion s'élève, comme dans l'Hellénisme, à l'idée d'une harmonie de lois indépendantes, le principe d'égalité et de liberté trouve son application dans la démocratie. Nulle part la réalité n'a été si près de l'idéal que dans cette glorieuse commune d'Athènes, qui a inondé le monde de sa lumière, et qui avait dressé au sommet de son acropole la statue de l'invincible Raison.

Aux religions unitaires répondent les diverses formes de l'autorité, au Panthéisme le régime des castes, au Monothéisme la monarchie. Le Panthéisme conçoit l'unité sous une forme hiérarchique ; en Égypte et en Inde, la royauté n'est que le couronnement d'une pyramide où le sacerdoce occupe les degrés supérieurs. Le Panthéisme est fort en faveur aujourd'hui parmi les philosophes, mais l'école Saint-Simonienne a seule essayé d'en faire une religion ; or on sait que les Saint-Simoniens admettaient le système des castes : les mêmes causes produisent toujours les mêmes effets.

Les Juifs et les Musulmans, qui conçoivent le monde comme une monarchie absolue, n'ont jamais eu d'autre forme sociale que le despotisme ; quand ils passent de la tribu à la nation, le Roi, le Calife ou le Sultan hérite de l'autorité du patriarche ; il n'y a place ni pour le droit ni pour le privilège et l'idéal politique est l'unité dans la servitude. En France, le Déisme, qui était la croyance de la plupart des philosophes au dernier siècle, a essayé de devenir une religion ; le culte de l'Être suprême répond à une période de dictature qui a préparé le despotisme impérial.

Les religions de l'Asie occidentale ne sont connues que très imparfaitement et par des témoignages indirects. Quant au Dualisme iranien, il répond en politique à une monarchie féodale très analogue à celles de l'Europe au Moyen Âge, époque où dominait la race germanique, si étroitement unie à la race iranienne. La querelle du sacerdoce et de l'empire rappelle la lutte des rois Achéménides contre les Mages, et l'importance du Diable dans les légendes rapproche le Christianisme de la religion mazdéenne.

Le Bouddhisme est plus voisin encore du Christianisme par sa morale et sa légende, mais il s'en éloigne absolument par le dogme, puisqu'il offre le spectacle singulier de l'Athéisme érigé en religion. L'histoire intérieure des sociétés bouddhiques n'est guère connue, mais ce qu'on en sait suffit pour montrer que des croyances négatives peuvent s'accommoder du despotisme et de la théocratie. Le clergé bouddhiste se recrute par l'initiation individuelle comme le clergé chrétien ; en étendant ce système à toutes les fonctions publiques, la Chine a réalisé ce rêve des classes lettrées de notre époque, un peuple docile, obéissant avec une régularité ponctuelle à une élite de fonctionnaires éclairés. De là un mélange d'enfantillage et de décrépitude qui fait ressembler la Chine à une école de bambins conduite par des vieillards.

Dans les sociétés chrétiennes, la concordance entre les formes politiques et les croyances religieuses est frappante ; chaque siècle, chaque pays applique les mêmes solutions au problème religieux et au problème social. La divergence de ces solutions s'explique par la diversité des affluents d'où est sorti le grand fleuve chrétien. Par une réaction naturelle contre le Polythéisme vaincu, le côté unitaire du dogme devait prévaloir d'abord, et sur le sol où avaient fleuri les républiques, l'empire byzantin fut le type des monarchies absolues. En occident, au morcellement féodal et à l'autonomie imparfaite des communes répond le culte des Saints, un Polythéisme saupoudré d'unité et réglementé par la théocratie. Ces religions locales disparaissent quand les communes et les provinces sont absorbées dans l'unité des monarchies ; le roi dit : « L'État, c'est moi » ; le prêtre dit : « Dieu seul est grand, mes frères », et la philosophie subordonne à l'arbitraire divin les axiomes de la raison. À la revendication du libre examen des textes sacrés répond, en politique, le système parlementaire ; l'unité du monde est représentée par un Dieu presque abstrait, gouvernant sans miracles au moyen d'une charte, et assez semblable à un roi constitutionnel ou à un président de république moderne. Il faut remarquer que notre système représentatif, même quand le pouvoir central n'est pas héréditaire, n'a rien de commun avec les républiques de l'Antiquité, qui avaient pour bases la législation directe et le gouvernement gratuit.

## Chapitre 3

# DE LA SYMBOLIQUE ET DES FONDEMENTS DE LA FOI

Nécessité de l'Herméneutique.

L'imagination a créé la langue religieuse, la mythologie, comme elle a créé la langue grammaticale. Elle donne aux croyances naissantes la forme du symbole, comme elle exprime par des images les idées qui s'éveillent dans l'esprit au contact des apparences. Ces symboles qui traduisent les croyances religieuses sont comme elles des œuvres spontanées et populaires. C'est par ce caractère collectif et cette expression concrète que la religion se distingue de la philosophie, qui ne représente que des opinions individuelles et les expose en termes abstraits.

On ne conteste plus aujourd'hui le principe symbolique des religions de l'Antiquité, mais on croit à tort que la mythologie tient moins de place dans les religions modernes. La création des symboles n'est pas particulière à la jeunesse des races. L'élaboration des dogmes bouddhistes et celle des dogmes chrétiens ont présenté le double exemple d'une métaphysique empruntant le langage de la mythologie pour devenir une religion. Dans les écoles de la Gnose, toutes les traditions philosophiques et religieuses fournissaient des éléments à la mythologie chrétienne qui essayait de naître ; les noms hébreux s'y mêlaient aux noms grecs, les principes abstraits s'associaient aux forces élémentaires et sidérales. Dans cette fièvre d'allégories, chacun modifiait le symbole à sa guise, personne ne le prenait à la lettre : c'était une forme qui semblait aussi légitime pour traduire des conceptions métaphysiques que la parabole pour exprimer des idées morales. Mais comme les fleurs d'avril aux premières giboulées, cette riche floraison disparut presque tout entière au souffle desséchant de l'orthodoxie et il n'en est resté que des lambeaux dans les dogmes de l'Église. Il est vrai que la mythologie chrétienne s'est enrichie d'un autre côté par les légendes des Saints, qui tiennent dans la religion du Moyen Âge la même place que les traditions héroïques dans l'Hellénisme ; mais ces légendes sont à peu près oubliées aujourd'hui.

La mythologie des Juifs et celle des Musulmans sont les plus pauvres de toutes parce que la race sémitique a peu d'imagination ; mais quand les mêmes dogmes ont été transportés chez d'autres races, la mythologie a repris ses droits. Ainsi les Chyites, qui sont les musulmans de la Perse, ont adapté d'anciennes fables mazdéennes au personnage d'Ali, comme les chrétiens ont emprunté aux Grecs la chute des Titans pour en faire la chute des Anges, dont la Bible juive ne dit rien.

Il y a dans la langue de notre époque une sorte de mythologie dégénérée que nous n'essayons pas même d'accorder avec notre système religieux. Ainsi quand on parle de l'ordre universel ou de la loi de gravitation, on ne manque jamais de s'incliner devant la sagesse de l'Auteur de toutes choses ; mais si l'on analyse quelque ingénieuse machine de meurtre, comme les griffes du tigre ou les dents de la vipère, ou si l'on constate les effets pernicieux de nos attractions instinctives, on ne parle plus que de la Nature, qui se voit personnifiée pour la circonstance. Quand il nous arrive un événement heureux, nous en remercions la Providence ; mais si un malheur nous frappe, nous n'accusons que le Hasard ou la Fatalité.

On sait bien que les formes innombrables du mal et de la douleur entrent comme éléments dans la création, mais on n'ose pas les attribuer au Créateur, de peur de le mettre en colère, et on croit se tirer d'embarras par ces artifices de langage, qui annoncent peu de franchise et beaucoup de timidité d'esprit. La puissance plastique de l'imagination, qui a créé les mythologies, est tellement épuisée qu'elle ne produit plus que de misérables euphémismes. On peut sans regret rejeter ces vieilles loques et s'en tenir, puisqu'il le faut, aux formes sèches et incolores de la philosophie. C'est exactement ce qui se passe quand les langues vieillissent : l'étymologie s'obscurcit, la grammaire s'étiole, la floraison des désinences se dessèche et les formes analytiques remplacent les formes synthétiques.

Les idées nous paraissent plus clairement exprimées par des mots abstraits que par des images, mais il n'en a pas toujours été ainsi, heureusement pour l'art. Si l'Attraction universelle n'avait jamais été considérée comme une puissance active, comme une personne, nous pourrions avoir le système de Newton, mais nous n'aurions pas la Vénus de Milo ; tout en respectant la science, il est permis d'aimer l'art. Les esprits ne sont pas tous coulés dans le même moule : les uns saisissent mieux la pensée sous une forme concrète et acceptent plus facilement un précepte quand il est enveloppé dans une parabole ; pour d'autres, il faut tirer la morale de l'apologue. Prenons donc la mythologie comme une langue morte et traduisons-la en langue vivante, puisque c'est le seul moyen de comprendre les religions dans une époque philosophique comme la nôtre. Sans cette traduction, aucun système religieux n'échapperait au reproche d'absurdité. Ce reproche, que les Pères de l'Église ont adressé à l'Hellénisme, est renvoyé par les philosophes à la religion chrétienne. Aujourd'hui comme alors, c'est comme si l'on déclarait, en ouvrant un livre écrit en langue étrangère, qu'il ne contient que des mots vides de sens.

L'Herméneutique, c'est-à-dire l'interprétation des symboles, peut seule nous faire pénétrer le sens des religions, et il serait impossible de les comparer si l'on ne commençait pas par les comprendre. En s'arrêtant à l'enveloppe des symboles, on n'est pas plus instruit que si l'on se bornait à regarder les cérémonies du culte. Sans doute l'Herméneutique ne peut pas être une science exacte, pas plus que toute autre forme de la critique ; on risque de s'égarer quelquefois en voulant déchiffrer des hiéroglyphes pour lesquels il n'y a pas de dictionnaire, mais la connaissance de la religion est à ce prix, et la religion est ce qu'il y a de plus précieux dans l'héritage de l'humanité, puisqu'elle représente les diverses formes de l'idéal dans tous les pays et dans tous les temps. Ceux qui la regardent comme un tissu de sottises indigne de l'attention d'un siècle aussi sérieux que le nôtre devraient expliquer comment ces sottises ont produit les plus belles œuvres du génie humain. Si l'on veut pénétrer dans le sanctuaire de la pensée religieuse il faut se garder de cette vanité puérile, et ne pas supposer que le sens commun soit le privilège exclusif de notre pays et de notre temps. Croire ce qui nous paraît absurde, ce serait abdiquer notre raison, mais avant de proclamer absurdes des croyances qui ont fait vivre une société, il faut essayer de les comprendre, et on peut dire de toutes les religions ce que Julien disait si justement de l'Hellénisme : l'absurdité même des fables nous crie qu'il faut en chercher le sens.

Si les fables morales avaient comme les fables religieuses un caractère sacré, on se croirait obligé ou de les accepter comme récits d'événements réels ou de les rejeter comme des mensonges. On ne prend pas à la lettre la Cigale et la Fourmi, le Renard et les raisins ou les Grenouilles qui demandent un roi ; on ne recherche pas si l'enfant prodige et le mauvais riche ont réellement existé ; on ne s'inquiète que du sens de l'apologue ou de la parabole. Il y a aussi dans les mythologies un sens à découvrir ; les symboles ont une signification universelle, en dehors de l'espace et du temps. Cependant on hésite à appliquer à une religion vivante les procédés d'analyse qu'on emploie sans scrupule pour une religion morte ; on fait volontiers de l'anatomie, on répugne à la vivisection. On craint d'entendre des plaintes, comme une voix d'Hamadryade s'exhalant du chêne dont on soulève l'écorce. Quand l'Herméneutique stoïcienne découvrait un système de physique dans l'Hellénisme, qui était vivant à cette époque, on lui objectait que les prières dans les temples ne s'adressaient pas à des symboles, mais à des réalités ; la même objection pourra être faite à ceux qui chercheront le sens des symboles chrétiens. Elle serait fondée si, en distinguant le signe de la chose signifiée, ils prétendaient que cette distinction a été faite lors de la naissance du symbole, mais il n'en est rien : on sait bien que les idées naissent avec leur forme et ne se cachent pas sciemment sous des allégories, que les religions sont des créations spontanées, comme toutes les grandes œuvres collectives, le langage, les formes d'architecture, les épopées. Seulement, quand le sens d'un mot est perdu, on remonte à l'étymologie ; quand le sens d'une mythologie est oublié, on cherche quel pouvait être l'état moral et intellectuel des sociétés qui ont traduit leur pensée par des symboles religieux

Mythologie chrétienne.

Comme on avait appliqué l'analyse à la mythologie grecque longtemps avant de l'employer pour l'étude des autres religions, on a été entraîné d'abord à leur adapter le système d'explications physiques qui se trouvait juste pour l'Hellénisme : mais on est arrivé ainsi à méconnaître le véritable caractère de la mythologie chrétienne qui, en se greffant sur des symboles naturalistes, les a entièrement transformés et en a fait des conceptions morales et psychologiques. Le Christ a dit : « Mon royaume n'est pas de ce monde » ; c'est donc dans le monde intérieur, dans l'évolution de la conscience humaine qu'on doit chercher l'explication des symboles chrétiens.

La clef de voûte de tout le système est le dogme de la chute et de la rédemption. Quand on se place au point de vue du Christianisme il ne faut voir dans la fable juive du paradis, du serpent et de la pomme que ce qu'il a cru y trouver lui-même, puisqu'il se l'est appropriée en la complétant. On peut appliquer à cette fable comme aux autres fables religieuses le mot du philosophe Salluste : « Cela n'est jamais arrivé, mais cela est éternellement vrai. » Le drame de l'Éden se déroule tous les jours sous nos yeux. L'enfant, dont la conscience n'est pas éveillée, est dans le paradis terrestre, dans les limbes de la vie morale ; il n'a pas à lutter, il est impeccable, comma les animaux, car il ne sait pas distinguer le bien du mal. Cette science, il ne peut l'acquérir que par sa première faute, et cette première faute ne peut être qu'une désobéissance. « Pourquoi as-tu mangé de ce fruit, dont je t'avais défendu de manger ? » L'enfant comprend qu'il a mal fait, il sait distinguer le bien du mal ; c'est une chute, car il était innocent et il ne l'est plus, mais sans la chute il n'y aurait pas de rédemption.

Le voilà exilé du paradis, condamné au travail, au dur travail de l'homme sur lui-même, à la perpétuelle nécessité de choisir entre la passion et le devoir. Deux routes s'ouvrent devant lui, l'une mène au salut, l'autre à la perdition, l'une au ciel, l'autre à l'enfer : pourquoi repousserions-nous ces expressions mythologiques qui rendent si clairement la pensée ? Le ciel, c'est la perfection morale ; on voit Dieu face à face, puisque Dieu est le bien personnifié. L'enfer c'est la corruption définitive : à force de choisir le mal, on perd jusqu'à la notion du bien, c'est ce que la langue mystique appelle haïr Dieu. En se faisant de l'accomplissement du devoir une telle habitude qu'on devienne incapable d'une infamie ou d'une lâcheté, on sera au-dessus de la tentation. Si nous arrivions à cette sécurité dans le bien qui nous mettrait à l'abri de la moindre faute, nous serions rachetés de l'esclavage du péché, de l'empire de la mort ; car le péché est la mort de l'âme.

Comment arriver à cette rédemption ? par le sacrifice de soi-même au bonheur des autres ; c'est la plus haute expression du divin dans l'humanité. Elle s'adore avec elle-même, non plus comme aux temps héroïques, dans sa force et sa beauté, mais dans ses douleurs, ses humiliations et sa mort ; l'Homme-Dieu n'est plus un Héros dompteur de monstres, c'est un philosophe ennemi des prêtres et crucifié par eux. L'apothéose de l'homme arrive ici à son dernier terme et s'affirme avec une singulière énergie par les détails profondément humains de l'agonie du Sauveur. Si la mythologie semble mettre l'Homme-Dieu, type de la perfection morale, en dehors des conditions de l'humanité en le faisant naître d'une vierge, c'est que la Pureté immaculée de l'âme peut seule enfanter la vertu d'abnégation et de sacrifice ; rien de plus transparent que ce gracieux symbole de la Vierge-mère, qui a fourni à l'art de la Renaissance un type nouveau du Féminin éternel.

Entre les deux pôles de la vie morale, le ciel et l'enfer, le salut et la damnation, il y a place pour le repentir et pour l'épuration de l'âme par le châtiment. C'est le châtiment qui réveille les consciences endormies ; le coupable y a droit, car ayant la raison pour l'éclairer, il est susceptible d'amélioration. La grandeur de la peine lui fera comprendre l'énormité du crime ; la peine élève et purifie, et c'est pour cela que les Grecs nommaient les Déesses du châtiment les Bienveillantes. Dans le Dualisme iranien, il y a pour les plus grands crimes une amnistie finale ; le mauvais principe lui-même se repentira et sera pardonné à la fin des temps. Sans généraliser ainsi la clémence, les traditions chrétiennes lui laissent une place par la doctrine du Purgatoire. À la vérité, de même que les Sadducéens rejetaient la résurrection dont ils ne trouvaient pas de trace dans leurs livres sacrés, les Églises protestantes, enchaînées à la lettre du dogme, rejettent la croyance au purgatoire, tandis que l'Église catholique l'accepte, sans abandonner l'éternité de l'enfer. La conscience publique a souvent protesté contre le dogme implacable des peines éternelles, qui semble un outrage à la pitié ; peut-être saisirait-on plus facilement cette théorie de l'irréparable si on la dépouillait de sa forme mythologique et si on lui en donnait une qui fût mieux appropriée aux habitudes de l'esprit moderne :

Un homme a commis un crime, cette nuit, sous le regard des étoiles. Elles sont si loin qu'elles ne l'ont pas vu encore ; mais dans un siècle, dans deux siècles, dans trois siècles, leurs rayons, échelonnés dans l'indéfini du ciel, éclaireront le meurtre. Ce qui est passé sera toujours présent quelque part ; s'il y a là-haut, n'importe où, dans une planète inconnue, un œil ouvert, un télescope braqué (et pourquoi pas ?), il y aura là une voix, qui sera la voix de la conscience éternelle, et qui dira : oh ! l'assassin ! À toute heure, à jamais, l'écho de cette voix sera répercuté dans l'espace. Il y a des astres dont la lumière met trois mille ans à nous parvenir : pour eux, l'heure du crime sera dans trois mille ans l'heure présente. Le meurtrier s'est corrigé, il est devenu un saint : mais quand ces juges lointains donneront leurs suffrages, il ne sera pour eux qu'un meurtrier. Le sang répandu ne rentre pas dans les veines, et aucun Dieu ne peut faire que ce qui est arrivé ne soit pas arrivé. Toute action coupable, injustice, violence, lâcheté ou trahison, une femme séduite, un enfant abandonné, un mauvais conseil, un mauvais exemple, entraîne dans la voie du mal des âmes qui, sans cela, auraient pu tourner au bien. Elles en corrompent d'autres à leur tour, et indéfiniment se prolongera la chaîne maudite : malheur donc au premier anneau. Si le criminel se repent, sa conversion s'étendra-t-elle à tous ceux qu'il a perdus ? Que leur répondra-t-il, quand ils l'accuseront devant l'immuable Justice ? Contre les arrêts de la loi morale, il n'y a pas de prescription : *œterna auctoritas esto*.

## Choix d'une religion.

Si les traditions religieuses du genre humain ont droit à notre respect, la nécessité de les interpréter et de les comprendre implique l'indépendance absolue de la raison individuelle. La diversité de ces traditions oblige chacun de nous, qu'il le veuille ou non, à s'ériger en juge et à demander sur quels fondements repose une croyance, avant de donner ou de refuser son adhésion. Ce n'est pas qu'on puisse exiger des démonstrations et des preuves scientifiques, car la religion n'est pas la science, mais il faut bien s'informer des motifs qui ont pu décider d'autres hommes, ayant une intelligence comme la nôtre, à accepter telle ou telle solution des problèmes religieux.

Tant qu'une société est isolée, elle a sa tradition et n'en connaît pas d'autre ; chacun croit ce qu'on lui a appris à croire et ce qui est admis autour de lui ; ceux qui pensent par eux-mêmes sont peu nombreux, et leurs opinions particulières n'ont jamais sur le public l'autorité du consentement général. Mais quand les relations des peuples et l'étude des monuments historiques ont fait connaître les formes multiples de la religion, on ne peut plus s'appuyer sur ce consentement qu'on croyait général et qui ne l'était pas. Au dernier siècle, on se persuadait que la croyance monarchique à un Être suprême était universelle ; mais le Polythéisme, étudié plus scientifiquement, nous offre une religion républicaine, le Panthéisme nous montre le dogme de l'unité divine sous une forme très différente du Déisme des philosophes, des Juifs et des Musulmans. On ne peut même plus dire que la croyance à un ou plusieurs Dieux soit commune à tous les pays et à tous les temps, car, depuis qu'on a étudié le Bouddhisme, on est forcé d'y reconnaître une religion athée, et c'est celle-là qui a les fidèles les plus nombreux, le clergé le plus puissant, et les plus étranges superstitions.

Devant ces divergences du suffrage universel, le premier mouvement est de se dire, s'il s'agit d'une religion ancienne : que ces gens-là étaient arriérés ! d'une religion étrangère : que ces gens-là sont barbares ! Moi et ceux de mon Église nous devons avoir raison, et tous les autres ont nécessairement tort. Puis on réfléchit que si l'on était né dans un autre pays et dans un autre temps, on croirait tout autre chose que ce qu'on croit, et cette réflexion diminue la sécurité de la foi. On arrive à comprendre que d'autres hommes ont pu et peuvent penser autrement que nos concitoyens et nos contemporains. On reconnaît enfin qu'il faut étudier et comparer toutes les opinions pour choisir en connaissance de cause, et que chacun se rendrait mieux compte de ses croyances s'il apportait à l'examen des autres religions la justice impartiale qu'il réclame avec raison pour la sienne ; si, après cet examen, on s'en tient à celle qu'on a reçue, du moins on sait pourquoi. Quelques-uns, découragés, renonceront à toute foi religieuse : c'est leur droit ; peut-être s'efforceront-ils d'interdire à l'esprit humain une curiosité qui leur paraîtra stérile ; mais, comme la religion répond à une aspiration de l'âme, ou si on veut à une bosse du cerveau, la grande masse de l'humanité ne s'arrêtera pas à cette fin de non-recevoir.

L'examen est donc le point de départ nécessaire de la foi, et chacun est obligé de le faire pour son compte, car la conscience et la raison ne se délèguent pas. La religion est ainsi débarrassée d'un instrument qui partout, excepté dans le Polythéisme, lui avait semblé indispensable, et qui lui a toujours été funeste, le sacerdoce. Chez les peuplades fétichistes, les prêtres passent pour investis d'un pouvoir surnaturel ; dans les religions unitaires, ils forment une caste : les Lévites juifs, les Brahmanes de l'Inde, les Mages de la Perse. À Rome, les chefs de famille avaient la direction du culte public ; en Grèce cette fonction appartenait aux magistrats en exercice ; il y avait des sacristains, ἱερεῖς, il n'y avait pas de prêtres, si l'on entend par ce mot des hommes chargés d'enseigner la religion et de diriger les consciences. Le Christianisme établit en Europe un clergé, non héréditaire, mais se recrutant par initiation, comme dans le Bouddhisme. La réforme protestante a réduit le rôle du sacerdoce, mais pas assez. Sa seule fonction devait être de garder le dépôt de la tradition religieuse, non de l'expliquer : il n'est pas même tenu de la comprendre. Or l'imprimerie a rendu cette fonction inutile, la tradition ne pouvant plus s'altérer.

D'ailleurs, la tradition religieuse n'est pas renfermée dans un livre unique ; la foi peut puiser à son gré dans les livres sacrés de tous les pays et de tous les temps. Elle peut préférer une religion ancienne à une religion moderne, car le lendemain n'a pas nécessairement raison contre la veille, et l'idéal n'est pas une question d'almanach. Elle peut revenir à une religion morte, si elle trouve que les peuples qui ont renié leurs antiques croyances ont eu tort, et que cette apostasie ne leur a pas porté bonheur. Elle peut se déterminer par des motifs pris en dehors de la tradition elle-même ; elle peut adopter une solution religieuse parce qu'elle la croit capable de grouper les données éparses de la science, conforme aux aspirations de l'esthétique, satisfaisante pour la morale. Il lui est permis d'interroger l'histoire, de juger l'arbre par ses fruits, et de repousser les systèmes qui ont eu des conséquences funestes pour s'attacher à ceux qui ont produit dans la science, l'art et la politique les résultats les plus avantageux pour la civilisation.

Si tels sont les fondements de la foi religieuse, si la religion ne peut s'appuyer que sur une adhésion réfléchie, il n'y a plus de place pour l'humiliante subordination d'une conscience à une autre conscience. La suppression du sacerdoce écarte le danger des persécutions religieuses et délivre la religion d'un bagage encombrant de pratiques arbitraires et de vaines superstitions. Mais l'affranchissement de la pensée serait plus apparent que réel, si le sacerdoce était remplacé, comme on l'a proposé à notre époque, par une hiérarchie officielle de grands lamas de la science et de mandarins lettrés. Puisse l'avenir se préserver d'une aristocratie d'intelligence ! Le joug des philosophes ne serait pas moins lourd à porter que celui des prêtres, et la civilisation ne gagnerait rien au changement. Il n'y aurait ni liberté pour la pensée ni aucun progrès possible : les idées de la veille fermeraient toujours la porte aux idées du lendemain.

## CHAPITRE 4

# DE LA NATURE DES DIEUX ET DE LA QUESTION DU MAL

Les Lois physiques et les Lois morales.

Les impressions qui nous viennent du dehors et qui forment l'objet immédiat de la connaissance ne sont que des rapports entre nous et des causes inconnues, qui ne se révèlent à nous que par leur action. Nous ne savons rien de leur nature si ce n'est qu'elles sont des forces, puisqu'elles agissent sur nous ; à notre tour nous réagissons sur elles, car l'homme aussi est une force, c'est-à-dire un principe de mouvement, et une cause première, puisque ses actes émanent de sa volonté. Mais l'ordre des mouvements dans le temps et dans l'espace nous montre, dans les causes qui les produisent, non-seulement des forces, mais des lois, et tel est le sens étymologique du nom que les Grecs donnaient aux Dieux : « ils les appelaient ainsi, dit Hérodote, à cause de l'ordre qu'ils établissent dans l'univers. » Or nous sentons aussi en nous une loi comme nous y sentons une force ; cette règle intérieure qui vit en chacun de nous n'est pas imposée à l'homme ni distincte de lui ; elle n'est pas non plus son œuvre ni la conception abstraite de sa pensée, elle est lui-même, puisqu'elle est sa conscience et dirige sa volonté. L'homme trouve donc en lui-même l'idée d'une loi vivante comme il y trouve celle d'une force libre, et c'est d'après ce type qu'il conçoit les principes actifs de l'univers.

Cette assimilation, point de départ de ce qu'on a nommé l'anthropomorphisme, n'a rien d'arbitraire, c'est une nécessité logique : notre esprit n'admet pas d'effet sans cause, tout mouvement suppose une force, toute action régulière une loi ; les actes dont nous ne trouvons pas le principe en nous-mêmes, nous les rapportons à des causes extérieures : ces causes sont des forces puisqu'elles agissent, et puisque leur action est régulière elles sont des lois. Sans ce caractère, qui leur est commun avec lui, l'homme ne les connaîtrait pas ; c'est donc avec raison qu'il les conçoit à son image. Mais l'assimilation doit s'arrêter à ces termes généraux, et tout le travail ultérieur de l'observation et de la réflexion a pour but de marquer les différences qui distinguent l'homme des puissances multiples de l'univers, de découvrir, s'il se peut, la nature cachée de ces forces qui se manifestent par le spectacle changeant des apparences, de ces lois d'équilibre, de proportion et d'harmonie qui se révèlent à l'esprit par l'ordre universel.

Les Dieux *sont*, l'homme *devient*. Cette distinction a besoin d'être éclaircie par des exemples, parce que la langue française ne peut rendre l'idée d'une perpétuelle naissance qui est contenue dans le mot grec γένεσις. La nature nous offre dans les corps simples, dans les éléments, le type visible de l'existence, dans l'animal et dans la plante celui de la vie. Les principes élémentaires des choses sont inaltérables et incorruptibles ; toujours identiques à travers leurs manifestations multiples, ils se prêtent sans se donner et entretiennent toute vie sans vivre eux-mêmes : aussi ne peuvent-ils pas mourir. Les individus vivants, au contraire, ne se ressemblent pas à eux-mêmes deux instants de suite ; le temps les transforme et les altère sans cesse, et sans la continuité des métamorphoses, on ne reconnaîtrait pas l'enfant dans le vieillard. Enfin cette succession d'apparences est limitée dans la durée ; la mort, dernier terme de cette évolution qui commence à la naissance, apporte une éclatante différence entre l'être et le devenir, entre la vie changeante et l'existence immobile, entre l'homme et le Dieu ; la poésie, qui définit chaque objet par son caractère essentiel, sépare nettement les hommes mortels des Dieux qui sont toujours.

Il y a une autre différence, mais elle est notre œuvre, et il dépendrait de nous de la faire disparaître : les lois de la nature ne sont jamais violées ; la loi morale, qui est la nôtre, est rarement accomplie. Les lois physiques sont la manière d'être des choses, leur destinée ; les Dieux ne pourraient ni les changer ni les détruire, car ils ne sont pas seulement les gardiens des lois du monde, ils sont eux-mêmes ces lois dont le concours produit l'harmonie universelle. Les sciences de la nature peuvent en étudier la marche régulière, elle ne trompera jamais leurs prévisions ; en partant du présent, elles peuvent plonger avec sécurité dans le passé et dans l'avenir. La loi morale, qui est la loi spéciale de l'homme, lui est révélée par sa conscience ; elle est sa condition et sa règle, comme les lois physiques sont la règle et la condition des choses ; en vivant selon sa nature, il accomplit sa destinée, il donne sa note dans l'harmonie de l'univers. Mais, contrairement aux choses, il peut violer sa loi ; voilà pourquoi l'histoire n'est que la science du passé : la prévision lui est interdite : on ne prédit pas ce qui peut également être ou ne pas être. Tandis que les lois physiques existent dans la réalité, la loi morale reste dans la possibilité, son existence est idéale ; pour devenir réelle il lui faut notre volonté, c'est à l'homme à créer le Dieu : le principe de toute création, c'est le désir, et ce qui veut être sera.

Dans l'idéal, qui est en dehors du temps, l'avenir se confond avec le présent et le passé. Parmi les possibles, l'idéal représente ce qui doit être ; il est au-dessus du réel, puisqu'il est la règle et la raison de ce qui peut exister. L'idéal, c'est le divin ; dans le monde physique c'est la beauté, dans le monde moral c'est la justice. La nature est belle parce qu'elle suit sa loi ; si l'homme suivait la sienne, il serait juste. La beauté, révélation visible du divin, n'a pas besoin de preuves : on la voit, cela suffit ; on ne discute pas, on tombe à ses genoux. La justice se révèle avec la même évidence dans la conscience humaine. Les Grecs rendaient par un même mot ce double aspect de la loi, leur religion enveloppait les deux formes du divin dans une synthèse harmonieuse. Quand ils voulaient traduire leurs croyances par des images, ils donnaient aux Dieux la forme humaine, parce que, disait Phidias, nous n'en connaissons pas de plus belle ; ils leur attribuaient des sentiments humains et une intelligence comme la nôtre parce que, selon le mot d'Hésiode, l'homme est le seul animal qui connaisse la justice. Le beau, le juste et le vrai sont les trois faces d'un prisme de cristal : à travers l'une on voit les deux autres. Les Grecs tenaient pour vrai ce qui est conforme aux lois éternelles du juste et du beau ; trouvant la beauté dans l'univers, ils y supposaient la justice. Ils croyaient au libre arbitre et à l'immortalité de l'âme, quoique ces deux affirmations de la foi religieuse ne puissent être démontrées ; mais l'une est la condition, l'autre la sanction de la morale, et la réalité ne peut être en contradiction avec la loi ; cela est, puisque cela doit être : il n'y a dans l'œuvre des Dieux ni lacune ni erreur.

Expression humaine du divin.

La mythologie grecque, en traduisant les lois divines par des images empruntées à la vie humaine, aidait à comprendre le double caractère que la religion attribuait aux Dieux. Ils sont à la fois les lois physiques du monde et les lois morales des sociétés. Dans la nature, ils maintiennent l'équilibre par la pondération des forces ; dans la république, ils limitent le droit de chacun, c'est-à-dire la liberté, par le respect du droit d'autrui qui est le devoir, au nom de l'égalité qui est la justice. Zeus, l'éther lumineux, qui prend mille formes pour multiplier la vie, est en même temps le distributeur de la justice, impartiale et bienfaisante comme la lumière ; le témoin des serments, base du pacte social ; le protecteur des suppliants et des pauvres, qui n'ont que son ciel pour abri. Sa fille Athéné, la vierge éthérée, force et clarté céleste qui se révèle dans la splendeur de l'éclair, est l'éternelle raison qui triomphe par l'évidence, la sagesse souveraine, protectrice des cités. Apollon, la lumière et l'harmonie du monde, l'archer divin qui chasse les terreurs de la nuit, conduit les âmes comme un chœur de danse aux accents mélodieux de sa lyre d'or. Hermès, l'intermédiaire universel, le crépuscule du matin et du soir, le messager céleste qui porte aux Dieux les prières des hommes, aux hommes les bienfaits des Dieux, est aussi la parole qui unit les hommes par l'échange et les traités de paix. Démèter, la terre féconde, est l'agriculture, source de toute législation ; Héphaistos, le feu artiste, est l'industrie et le travail civilisateur. Quant au courage, vertu purement humaine, puisqu'un Dieu ne peut ni souffrir ni mourir, il est représenté par les Héros demi-Dieux, qui nous tendent la main du haut de leurs apothéoses, quand nous luttons comme ils ont lutté.

Contre qui l'homme doit-il soutenir ce combat dont l'immortalité sera le prix ? Contre les Dieux. Le monde est le théâtre de l'action divine : qu'il soit aussi une arène pour l'énergie humaine. Les Dieux, pour éprouver la vertu de l'homme, y descendront avec lui, comme un maître de gymnase, pour former les athlètes, leur porte des coups qu'il mesure à leurs forces, et leur enseigne en même temps l'art de les parer. La civilisation est une lutte perpétuelle contre la nature, et cette lutte remonte aux origines de l'humanité. La tradition religieuse en a gardé les plus lointains souvenirs dans les légendes des héros dompteurs des fléaux et des monstres, dans la fable antique du Titan ravisseur du feu et créateur du genre humain. Pour triompher par le travail et l'industrie des obstacles que la terre multiplie sous ses pas, l'homme appelle à son aide l'intelligence : voilà pourquoi les bas-reliefs nous montrent toujours Athéné à côté d'Héraclès et de Prométhée.

Les Grecs rapportaient à l'enseignement des Dieux toutes les formes du travail, l'agriculture, l'industrie, la poésie et la musique qui sont les plus anciens des arts, la médecine qui est la plus ancienne des sciences, la gymnastique qui est l'hygiène du corps. Quant à la morale, c'est la loi spéciale de l'homme, les Dieux n'ont pas à la lui enseigner, il la connaît en se connaissant lui-même ; c'est à lui d'observer sa loi. Les Dieux nous conseillent, mais sans entraver notre liberté, de même qu'une mère guide les pas de son enfant, mais ne marche pas pour lui. L'homme a une lumière qui est sa raison et sa conscience : qu'il choisisse entre la passion et le devoir. Les Dieux nous envoient les passions comme ils nous envoient les maladies, mais l'homme sait que les passions sont faites pour être domptées ; c'est une épreuve pour son courage ; où serait le mérite de la victoire, s'il n'y avait pas de danger ?

Un Grec priait debout, le front haut, dans la noble attitude qui convient à l'homme. Il demandait aux Dieux les biens dont ils sont les dispensateurs suprêmes, le succès dans les entreprises, une vie heureuse pour lui et ses amis, jamais la sagesse et la vertu, car cela est au pouvoir de l'homme ; il les remerciait d'avoir réussi, jamais d'avoir fait son devoir. Quand la liberté républicaine eut disparu du monde, cette foi intime dans la libre volonté de l'homme devint le dernier asile des sages du Portique. Si cette fière doctrine dépassait les forces des âmes fatiguées, était-il donc si difficile de greffer un symbole nouveau sur les croyances d'autrefois ? Il semble au contraire que le culte de l'Homme-Dieu formait le complément naturel de l'Hellénisme. Si l'homme peut être affranchi de la servitude des passions, si le règne de la justice peut s'établir sur la terre, n'est-ce pas par la vertu d'abnégation, par le sacrifice de soi-même au bien des autres, par ce Christ intérieur qui donne son sang pour le salut du monde, et qui est la voie, la vérité et la vie ? Que ton règne arrive, ô sainte Justice ! Nous en appelons à toi de toutes les tyrannies qui nous écrasent, nous t'aimons par-dessus toute chose, nous donnerions notre vie pour ton triomphe, et, dût la mort nous venir de ceux mêmes que nous voulons affranchir, nous te confesserions jusque sous les bombes lancées contre nous par nos frères : pardonne-leur, ils ne savent pas ce qu'ils font.

La loi morale est la lumière qui éclaire tout homme en ce monde, et le Christianisme a pu dire, dans son langage mystique, que c'est le seul Dieu qu'on doive adorer ; déjà les Stoïciens avaient appelé la conscience un Dieu intérieur que chacun porte en soi. Mais l'Hellénisme avait-il eu tort de reconnaître dans la beauté une autre forme de l'idéal, et d'adorer les énergies multiples de l'ordre universel ? L'art et la morale ont tous deux leur raison d'être, et il n'était pas nécessaire de proscrire le beau pour exalter le juste. Si le point de vue qui embrassait dans les mêmes symboles le double aspect du divin paraissait trop large, on pouvait le restreindre sans anéantir toute une civilisation. Sans doute les passions sont des puissances redoutables ; l'éternel Féminin a produit bien des désordres dans les sociétés humaines ; cependant, cette volupté maudite, la mère des désirs adultères, la Diablesse Vénus, comme l'appelait le Moyen Âge, n'en est pas moins la loi divine de l'Attraction universelle, la source bienfaisante de la vie, l'irrésistible beauté qui nous souriait sur l'écume des flots.

Mais il ne suffisait plus à l'humanité de lutter contre la nature, elle voulait la maudire et l'Hellénisme refusa de s'associer à cette malédiction. La nature est si belle, que la croire mauvaise eût paru un blasphème à cette religion de la beauté ; interrogée sur le problème du mal, elle ne répondit pas, et voilà pourquoi elle n'a plus ni temples ni fidèles. L'humanité rejeta cette religion d'artistes, qui ne voulait pas séparer le beau du juste, et qui voyait l'un à travers l'autre, cette religion d'athlètes qui niait la douleur. Elle mourut le sourire aux lèvres, sans protester contre l'ingratitude des hommes, enveloppée dans le calme de son orgueil et de sa beauté. Chaque siècle, en passant, lui a jeté sa part d'imprécations, de sarcasmes et d'injures ; on rougirait d'insulter à la mémoire d'un ennemi, mais avec une religion morte, on ne se croit pas obligé d'être juste, et les causes vaincues trouvent rarement des défenseurs.

DE LA DOULEUR ET DU PÉCHÉ.

Le principe de la pluralité des causes excluant l'idée de toute puissance, il eut été plus facile au Polythéisme qu'à toute autre forme religieuse d'aborder la question du mal. Il semble qu'elle devait se présenter d'elle-même en présence des luttes dont la nature est le théâtre. Le combat d'Indra contre Vritra, du ciel bleu contre l'orage, est un des thèmes les plus familiers à la poésie védique. L'Hellénisme avait tiré de ces scènes atmosphériques une conception plus générale : la victoire des Dieux sur les Titans représente le triomphe des lois modératrices sur les forces tumultueuses qui troublaient l'harmonie du monde. Mais les Iraniens ne s'arrêtèrent pas comme les Grecs devant la beauté de la nature : sous ce voile éclatant ils virent le désordre, et dédoublant l'œuvre créatrice, ils rapportèrent les effets contraires à deux principes ennemis, Ormuzd et Ahriman, la lumière et les ténèbres, le bien et le mal. Le bon principe n'étant pas tout-puissant, il n'y a rien à lui reprocher : il lutte contre le mal, c'est tout ce qu'il peut faire. Que l'homme prenne part à cette lutte et hâte ainsi la victoire du bien, qui doit amener, non l'anéantissement du mauvais principe, mais ce qui vaut mieux encore, sa conversion.

Le Monothéisme hébraïque ne pouvait tenir compte du mal physique, puisqu'il considère la création comme une œuvre divine. Quant au mal moral, c'est un fruit de la désobéissance de l'homme ; le serpent d'Éden n'est que le plus rusé des animaux. Quand les Juifs empruntèrent aux Iraniens la croyance au mauvais principe, ils le subordonnèrent à Dieu, qui lui permet de faire le mal, ce qui ôte au dogme toute sa portée. D'ailleurs, que le Diable soit considéré comme une puissance active ou comme une expression mythologique du vice et du péché, il ne représente que le mal moral ; le problème du mal physique n'est pas résolu ni même abordé.

Les grandes écoles de la Gnose chrétienne essayèrent de

remonter plus haut ; avec une hardiesse de pensée qu'on n'a pas égalée, elles cherchèrent la source du mal dans la création du monde visible : puisque ce monde est mauvais, son créateur ne peut être bon ; ce n'est qu'une puissance subalterne et maladroite, très inférieure au Dieu du monde moral, qui est le Bien. Mais l'accusation de vices monstrueux qu'on portait contre plusieurs sectes gnostiques, et qui rejaillissait sur le Christianisme en général, frappait de discrédit leurs doctrines ; l'Église, c'est-à-dire la grande assemblée, les rejeta et n'accepta pas même l'idée moins hardie de la préexistence des âmes, qui expliquait la chute par une faute commise avant la naissance. Elle s'arrêta au péché originel, à l'hérédité du mal, quoique ce dogme semble difficile à concilier avec la justice divine. À la vérité cette difficulté tient seulement à la forme mythologique du symbole, et disparaît quand on en pénètre le sens. L'Éden de l'enfance, le serpent des passions, la rédemption sur le Calvaire de la vie et l'ascension dans le ciel mystique de la conscience exposent très clairement l'évolution morale de l'âme humaine ; mais il n'y a rien là qui se rapporte à la question bien autrement difficile du mal physique. Ce qui accuse la Providence, ce n'est pas le péché, puisqu'il est notre œuvre ; ce n'est pas même la douleur de l'homme, qui n'est qu'une épreuve, comme disaient les Grecs ; c'est la douleur des êtres inconscients et impeccables, des animaux et des enfants. Avant qu'il y eût des hommes sur la terre, la vie s'entretenait comme aujourd'hui par une série de meurtres : il y avait des dents aiguës et des griffes acérées qui s'enfonçaient dans les chairs saignantes. Qui osera dire que cela est bien ?

Les religions orientales, le Panthéisme brahmanique et le Bouddhisme, qui en est sorti, essayent de trancher la question par l'hypothèse des métempsycoses : il n'y a pas de reproche à faire à l'universelle nature si chaque souffrance est l'expiation de quelque faute commise dans une existence antérieure. Mais pour que cette expiation soit juste, il faut que le coupable ait gardé le souvenir de sa faute ; or l'homme qui souffre dans cette vie ne sait pas quel crime il a commis avant de naître, et il n'y a pas de raison pour croire que le mouton sache davantage quel crime il expie quand il est mangé. La métempsycose sans mémoire n'absout pas la justice divine, mais elle peut arrêter les élans de la pitié chez ceux qui voient souffrir, et elle condamne ceux qui souffrent à l'inertie de la résignation. Les vertus héroïques luttant contre la tyrannie des hommes ou des choses sont remplacées en Orient par cette morale ascétique et passive dont l'Occident a eu tant de peine à sortir. Il n'est ni à croire ni à souhaiter qu'une solution plus apparente que réelle du problème du mal puisse satisfaire des races actives, régénérées par l'infusion du génie grec, et cherchant désormais l'affranchissement de l'homme, non dans la contemplation mais dans la lutte et dans le travail.

Pourtant la question du mal est posée, il faut la résoudre ; c'est pour la religion une question de vie ou de mort, et il ne faut pas que la religion meure : que deviendrait l'humanité sans idéal ? Si l'on ne veut pas se contenter de la solution mazdéenne, il faut en trouver une autre. Peut-être la cherchera-t-on dans le sens des théories d'évolution acceptées aujourd'hui par la science ; sans doute il faudrait dépasser la portée scientifique de ces théories, mais c'est une hardiesse permise aux aspirations religieuses. On pourrait supposer, par exemple, que les Principes démiurgiques ne sont pas enfermés, comme on l'avait cru, dans l'existence immobile, mais qu'ils progressent dans le devenir ; inconscients d'abord dans les forces primordiales, ils s'élèvent, par des lois d'équilibre, à l'ordre cosmique, et arrivent dans les intelligences à la conception des lois morales. Quand ils auront réalisé le Juste par tous les groupes de volontés libres disséminés dans l'univers, ils comprendront que la vie est achetée trop cher par tant de douleurs imméritées, qu'il faut étendre la Rédemption à la nature, et ils la renouvelleront sur un plan conforme à la Justice : *et renovabis faciem terræ*. Mais si leur énergie créatrice est épuisée, ou si la nécessité l'enchaîne, si la douleur est l'inévitable condition de la vie, alors que le rayonnement des planètes amène la congélation prévue, que la vie s'évapore à jamais dans les espaces interstellaires, et que la matière incorrigible rentre au néant d'où elle n'aurait pas dû sortir !

# Chapitre 5
## DE LA VIE ÉTERNELLE

Sanction morale dans les religions unitaires.

L'homme faisant partie de l'ensemble des choses, les opinions d'une société sur la nature de l'homme et sa destinée sont nécessairement en rapport avec la manière dont elle se représente l'ordre général de l'univers. Dans le système monothéiste, dont le Judaïsme offre l'expression la plus sévère, Dieu seul possède la véritable existence ; il est *Celui qui est ;* tel est le sens étymologique du nom de Jahweh en hébreu. Le monde est sa création ; il l'a tiré du néant, il l'y fera rentrer quand il voudra. Il prête l'existence à l'homme : l'homme plante sa tente pour un jour sur le sable, puis le vent balaye sa trace. Quand Dieu lui retire le souffle de vie qu'il lui avait soufflé dans les narines, l'homme, qui n'était que poussière, retourne à la poussière. Pénétré de son néant, il repousserait comme une folie la pensée orgueilleuse de son immortalité.

Quand l'heure est venue de se réunir à leur peuple, les patriarches bibliques descendent dans le *schéol*, dans le sommeil du tombeau. Peut-être y avait-il eu, chez les anciennes peuplades

Cananéennes, quelque vague croyance à des formules magiques pouvant réveiller les morts de leur sommeil ; c'est du moins ce que ferait supposer la légende de la sorcière d'Endor : mais d'après la pure doctrine mosaïque, l'homme ne revit que dans ses descendants ; s'il obéit aux commandements de son Créateur, il sera heureux sur la terre et sa race sera bénie ; s'il désobéit, il en sera puni dans ses fils jusqu'à la quatrième génération. Cette ferme croyance à la vie collective du peuple élu se confondait pour Israël avec son unité politique et sa religion nationale et ne laissait pas de place à l'individu, pas même celle de médiateur. Il n'y a jamais eu une prière ni une fête publique pour Abraham, l'ancêtre des Hébreux, ni pour Moïse, leur législateur, ni pour David, leur roi populaire. Le culte des morts eût été un vol au Dieu unique ; c'est à lui seul que toute gloire appartient dans les siècles des siècles.

Les religions panthéistes considèrent la vie de l'homme et celle des animaux comme des formes de la vie universelle ; la croyance à la métempsycose découle naturellement de ce système. L'âme qui anime le corps d'un homme ou d'un animal n'est qu'une parcelle de la grande âme du monde ; quand une âme a quitté son corps comme un vêtement usé, elle revêt une forme nouvelle, appropriée aux aptitudes qu'elle a développées en elle dans sa vie précédente. Le Panthéisme égyptien consacrait par le dogme du jugement des morts le caractère moral de ces migrations ascendantes ou descendantes et les rattachait, sous des formes mythologiques, à l'évolution du soleil, source de toute vie et symbole de toute justice dans l'univers. L'embaumement des corps, justifié d'ailleurs, au point de vue de l'hygiène, par les débordements du Nil, préparait le retour des âmes, après une série d'épreuves, dans les corps qu'elles avaient animés, comme le soleil retourne périodiquement à ses stations dans le ciel.

Cette croyance à la résurrection des corps s'infiltra peu à peu chez les Juifs après la fondation d'Alexandrie, quand ils se trouvèrent dans un continuel contact avec les Égyptiens. Sans s'arrêter à la métempsycose, rien ne les empêchait d'admettre que Dieu, s'il le voulait, rendrait la vie aux morts comme il l'avait donnée aux vivants ; dans son amour pour son peuple, il pouvait ressusciter David, son serviteur et son messie, qui relèverait la gloire d'Israël et deviendrait le juge des nations. C'est sous cette forme, conciliable avec la rigueur du Monothéisme, que le dogme de la résurrection, du jugement dernier et de la vie future pénétra chez les Juifs et prit place ensuite dans la religion des Chrétiens et dans celle des Musulmans.

Le Panthéisme égyptien et le Panthéisme indien diffèrent l'un de l'autre comme deux espèces d'un même genre. Moins astronomique que la religion égyptienne, le Brahmanisme ne s'occupe pas du retour des périodes régulières dans la nature ; étranger à la notion du temps, il ne voit que les transformations indéfinies de l'être universel. Il admet la métempsycose, mais non la résurrection des corps ; l'âme purifiée par les vertus ascétiques remonte l'échelle des transmigrations et arrive enfin à la suprême béatitude en s'absorbant dans l'infini. Le Bouddhisme adopta le dogme des métempsycoses, en offrant aux âmes qui s'affranchissent du désir l'espoir d'échapper au fardeau des renaissances et d'entrer dans le Nirvâna, dans la paix divine de l'éternel sommeil.

Le Bouddhisme aurait pu se développer dans l'Inde s'il n'avait sapé l'ordre social, tel que l'entendaient les Brahmanes, en remplaçant le sacerdoce héréditaire par un clergé monacal recruté dans toutes les castes. Son expulsion doit être attribuée à cette cause purement politique et non à une différence de doctrine, car l'Athéisme bouddhique n'est qu'une variante du Panthéisme et il est bien difficile de saisir la nuance qui sépare l'être absolu du non être, et de distinguer l'anéantissement de l'âme de son absorption dans le grand tout. On peut s'étonner de voir l'esprit religieux des Orientaux les conduire à une conclusion si opposée en apparence à cet espoir d'une vie future qui est la principale force de la religion en Occident ; pourtant, si l'on s'en tient au dogme officiel, sans tenir compte du sentiment populaire, qui regarde les morts comme des amis toujours présents, on est obligé de convenir que la béatitude inactive promise aux élus après le jugement dernier ressemble singulièrement au Nirvâna.

## Solution hellénique du problème de la mort.

La croyance à l'immortalité individuelle, en dehors de toute idée de résurrection ou de transmigration, appartient en propre au Polythéisme, qui rattache l'univers à des principes multiples et le considère comme un ensemble de forces distinctes, irréductibles, réagissant les unes sur les autres. Le culte des morts se trouve en germe dans le Véda, où l'on voit des prières et des offrandes adressées aux ancêtres ; on le retrouve dans toutes les branches de la race indo-européenne : les religions de famille ont fait la force du patriciat romain pendant la république. Mais c'est l'Hellénisme qui a donné au dogme de l'immortalité de l'âme sa forme la plus complète ; aucune religion ne l'a affirmé si haut ni si clairement.

Le nom que les Grecs donnaient à l'univers, κόσμος, signifie ordre et beauté ; le monde est une république parfaite, où la loi est toujours observée, un concert où il n'y a pas de note fausse ; chaque partie de cet irréprochable ensemble est conforme à ce qui doit être. Or l'immortalité de l'âme convient à la fois à l'éternelle Justice et au légitime orgueil de l'homme, au sentiment qu'il doit avoir de sa noblesse et de sa dignité. Les Héros grecs ne s'endorment pas, comme les patriarches bibliques, à côté de leurs pères : ils conservent au-delà du bûcher une vie indépendante. Le peuple les invoque comme des Dieux et honore leurs tombeaux comme des temples ; ils sont les gardiens vigilants des cités, les protecteurs attentifs des familles, les hôtes invisibles de toutes les fêtes, les auxiliaires puissants de leurs fils aux jours des batailles, les guides des générations aventureuses qui vont chercher de nouvelles patries. Ils rattachent par le lien des souvenirs les familles à la cité, les colonies à la métropole, le présent et l'avenir au passé.

On ne peut demander une précision scientifique à la religion, surtout à une religion populaire, qui n'a jamais eu ni orthodoxie, ni église, ni livres sacrés. C'est l'imagination qui ouvre la porte du monde idéal, et l'on ne peut s'attendre à trouver chez les poètes plus d'unité dans les allusions à la vie future que dans l'expression des symboles divins ; mais à travers les différences de forme, l'immortalité s'affirme toujours. Homère, en cela comme en toute chose, s'attache au point capital : ce qui l'intéresse, c'est la persistance de l'individualité après la mort : or l'individu est déterminé dans l'ensemble des choses par ses rapports avec d'autres êtres, dans l'espace par la forme corporelle, dans le temps par la mémoire. Homère donne donc aux morts une forme visible, quoique impalpable, il fait de la mémoire leur attribut principal, et il réunit dans la mort ceux qui se sont aimés pendant la vie : les amis se promènent ensemble en s'entretenant de leurs souvenirs. On reproche à Homère d'avoir fait dire à Achille qu'il aimerait mieux être le plus humble des vivants que le premier parmi les morts : on oublie qu'Achille, malgré son courage, avoue dans l'Iliade un violent amour de la vie ; s'il parlait autrement dans l'Odyssée, il ne serait plus Achille, on ne le reconnaîtrait pas. Et quand même ces regrets mélancoliques traduiraient la pensée du poète, ne peut-on pardonner à ce vieil aveugle de n'avoir pas su imaginer quelque chose de plus beau que le soleil ? Si la lumière n'était pas si douce, voudrait-on la retrouver au-delà de la tombe, et n'est-ce pas le regret de la vie, pour lui-même et pour ceux qu'il aime, qui éveille dans l'homme l'espérance de l'immortalité ?

En prolongeant la personne humaine après la mort, sans intervalle, et avec la mémoire, le Polythéisme étend pour chacun de nous les conséquences de ses actes et donne ainsi à la morale une sanction plus complète que les autres systèmes religieux. Toute société repose sur le respect de la vie humaine et des conventions jurées ; si un peuple s'imagine que son suffrage peut absoudre le meurtre et le parjure, c'est qu'il n'a plus de religion, c'est-à-dire de lien moral ; il est incapable de résister à l'invasion étrangère et à l'oppression intérieure : c'est une société en dissolution. Homère met la religion du serment sous la garde des Érinyes ; ce sont les redoutables Déesses qui personnifient à la fois les imprécations de la victime et les remords du coupable, les Euménides, bienveillantes aux justes et terribles aux méchants. Dans Eschyle, elles suivent le meurtrier à la piste comme une meute de chiennes furieuses, attirées par l'odeur du sang répandu. C'est par ces images saisissantes que la mythologie grecque représentait les lois de la conscience, que nul ne viole impunément. La Justice peut attendre, puisqu'elle est éternelle, mais il faut qu'elle ait son heure. Une loi d'équilibre exige que tout crime soit expié ; cet ordre idéal sera réalisé puisqu'il doit être. C'est à l'avenir qu'appartiennent tous les redressements et toutes les réparations : c'est à la vie future que la conscience en appelle de la violation de ses lois.

La poésie est obligée de puiser dans la réalité les éléments de ses créations ; elle ne peut décrire la béatitude des justes sans emprunter cette description à la vie terrestre. Tous les paradis et tous les Élysées de nos rêves ne sont que de pâles copies du spectacle magnifique que la nature offre aux vivants. Le véritable bonheur des morts, c'est de veiller sur ceux qu'ils ont aimés pendant leur vie : telle est la fonction qu'Hésiode attribue aux âmes saintes des ancêtres, aux hommes de la race d'or, devenus les bons Démons, gardiens des mortels. Invisibles, vêtus d'air, ils parcourent le monde, observant les actions justes ou coupables et distribuant les bienfaits. Si les Dieux supérieurs sont trop grands pour nous entendre, si leur providence générale ne peut tenir compte des individus, nous invoquerons ceux qui ont souffert comme nous, et dans ce grand concert de plaintes ils distingueront des voix connues. Si l'ensemble des choses est réglé selon d'inflexibles nécessités, ils recueilleront nos prières, et comme la médecine emprunte aux vertus naturelles des plantes la guérison des maladies, eux, les médiateurs, sauront bien adoucir pour nous, sans les violer, les grandes lois éternelles. Qu'ils nous détournent du mal en nous inspirant leurs grandes pensées ; qu'ils versent d'en haut sur nous leurs influences bénies, et comme le soleil attire les vapeurs de la terre, qu'ils nous élèvent et nous épurent, et nous appellent près d'eux ! Ainsi les prières montent, les secours descendent, et sur tous les degrés du rude chemin de l'ascension il y a des vertus vivantes pour nous conduire vers les régions supérieures.

Le dogme de la vie éternelle était pour les Grecs la conséquence et le complément de leur physique religieuse. La mythologie traduisait sous des formes variées le divin réveil du printemps et la perpétuelle consolation de la nature renaissante. L'homme ne reniait pas sa fraternité avec la nature : il vivait en elle et la sentait vivre en lui. Dans les mystères d'Éleusis, la plus célèbre des initiations, le retour de la végétation après l'hiver et le réveil de l'âme au-delà du tombeau étaient représentés dans un même symbole, celui d'une jeune fille, Coré[1], enlevée par le roi des morts, pleurée par sa mère la Terre, la mère des douleurs, et rendue à la lumière du jour par la volonté de Zeus. Devant cette victoire bénie de la vie sur la mort, devant cette fête joyeuse de la terre au retour de ses fleurs, l'homme ne doutait pas de sa propre immortalité ; la destinée humaine n'était pour lui qu'une forme particulière de cette loi d'oscillations et d'alternances qui fait partout succéder la mort à la vie et la vie à la mort. Au dernier acte de l'initiation, le grand, l'admirable, le parfait objet de contemplation mystique était l'épi de blé coupé en silence, germe sacré des moissons futures, gage certain des promesses divines, symbole rassurant de renaissance et d'immortalité. L'idée de la vie éternelle jaillissait spontanément de cet enseignement muet, qui pénétrait dans l'intelligence par les yeux et la persuadait bien mieux qu'une savante démonstration.

D'ailleurs la science, loin de contredire les croyances religieuses, les confirmait et les expliquait. D'après la physique des Grecs, les êtres vivants sont formés des quatre éléments, comme le monde dont ils font partie. Les éléments lourds, la terre et l'eau, composent nos corps ; la part de l'air peut être attribuée au souffle ; quant à l'âme, c'est-à-dire la force invisible qui anime nos corps, sa source ne peut être que l'éther, principe du feu, qui en raison de sa subtilité s'étend au-dessus de l'atmosphère. L'éther se manifeste dans les astres par la chaleur et la lumière, dans les âmes par la vie et l'intelligence. Les âmes sont donc de la même essence que les astres, et comme il n'est pas dans la nature du feu de tendre vers la terre, il faut croire qu'une sorte d'ivresse, le désir de s'unir aux éléments terrestres, les a portées à s'incarner. La puissance du désir se révèle dans l'attraction des sexes l'un vers l'autre : il y a là des âmes qui veulent entrer dans la vie. L'art les représente par des enfants ailés : ce sont les désirs qui voltigent autour des amants. Les âmes qui s'incarnent se soumettent par cela même aux lois nécessaires qui régissent la sphère inférieure où elles ont voulu entrer ; mais les accidents qui sont la condition de la vie, les maladies et la mort elle-même, ne sauraient changer la nature de l'âme, qui reste toujours une flamme incorruptible et impérissable, une parcelle de l'éther. Qu'elle se dégage des éléments terrestres qui l'alourdissent, qu'elle dompte le désir qui l'enchaîne à sa prison : la volupté l'a fait descendre du ciel, la douleur l'y ramènera. Affranchie, purifiée par la lutte et le sacrifice, elle remontera au séjour de la lumière, dans la sphère immobile des Dieux.

L'art reproduisait ce thème mystique de la descente et de l'ascension des âmes sous des formes toujours empruntées aux fables religieuses. Celle de Prométhée, symbole du feu céleste, est représentée sur plusieurs sarcophages. On y voit d'un côté le Titan modelant des corps humains, et à mesure qu'il les achève, Athéné, l'intelligence divine, leur donne l'âme sous l'emblème d'un papillon. Au milieu, on voit le supplice de Prométhée, image de la vie terrestre, et de l'autre côté sa délivrance par Héraclès. L'homme est une étincelle de feu captive dans une lampe d'argile, un Dieu exilé du ciel, enchaîné par les liens de la nécessité sur le Caucase de la vie, où il est dévoré de soucis toujours renaissants ; mais l'effort des vertus héroïques brise ses chaînes et le délivre du bec et des ongles des vautours.

Plus souvent encore la destinée humaine est représentée par

l'allégorie de Psyché. Le mot Psyché signifie à la fois âme et papillon, et ce double sens indique le rapprochement qui s'offrait à l'esprit des Grecs entre l'insecte ailé sortant de sa chrysalide et la renaissance de l'âme au-delà du tombeau. L'union de Psyché avec Éros, c'est-à dire de l'âme avec le désir, a fourni à l'art de nombreux motifs de composition. C'est à l'appel du désir que l'âme est descendue dans la naissance ; alors commencent les épreuves de Psyché : elle est devenue l'esclave du Désir ; des pierres gravées nous la montrent tantôt enchaînée dans ses liens ou attelée à son char, tantôt brûlée par son flambeau ou foulée sous ses pieds. Mais elle peut à son tour dompter le Désir, et alors elle lui emprunte ses ailes pour s'élever, victorieuse, vers le monde supérieur. Les douleurs de l'âme sont des épreuves qui la purifient ; tour à tour bourreau et consolateur, Éros torture Psyché pour l'élever au rang des Dieux, et la conclusion de la fable est l'union mystique de l'âme avec l'idéal poursuivi en vain pendant la vie.

La doctrine orientale des transmigrations s'infiltra peu à peu en Grèce, surtout parmi les philosophes, parce qu'elle s'accordait avec leurs tendances vers le Panthéisme. L'idée de la métempsycose a pu d'ailleurs se produire spontanément, comme une conséquence du flux et du reflux de la vie dans la nature, du retour des saisons et des heures, de ces périodes alternées de lumière et d'ombre, de génération et de mort. Un Grec aurait difficilement admis que l'âme humaine, fût-elle dégradée par le crime, pût perdre la raison et la conscience, qui sont les attributs de l'homme, et entrer dans le corps d'un animal ; mais il pouvait supposer qu'après une épuration proportionnée à ses fautes elle tenterait une nouvelle épreuve. En songeant à la longueur des siècles, l'esprit s'effraye d'une expiation éternelle qui blesse la pitié, d'une éternelle béatitude qui paraît bien voisine du néant ; une succession d'existences actives la satisfait davantage.

Le fleuve d'oubli n'est pas mentionné dans la vieille poésie grecque ; au temps des fortes républiques, les Héros protecteurs n'oubliaient pas ceux qui se souvenaient d'eux ; un lien les retenait près des vivants, l'indestructible chaîne de nos prières et de leurs bienfaits. Mais le culte des Héros devait disparaître avec l'autonomie des cités : quand les peuples ont perdu leurs traditions, les morts oubliés nous oublient à leur tour ; ils boivent l'eau du Léthé, et ils cherchent des destinées nouvelles. On peut croire que les âmes rentrent dans la vie : celles des méchants pour réparer leurs fautes et se purifier par une nouvelle épreuve, celles des justes pour ramener par le spectacle des vertus antiques les peuples qui s'égarent, et pour se retremper par la lutte aux sources de l'apothéose. Cette croyance restreint à l'intervalle entre deux périodes actives l'idée homérique de la durée par le souvenir ; il est probable qu'elle était assez accréditée à l'époque romaine, puisqu'on la trouve exposée dans le poème de Virgile.

La transformation des croyances religieuses sous la double influence de l'Orient et de la Philosophie se manifeste surtout dans le symbole de Dionysos, symbole complexe qui reste encore enveloppé d'une grande obscurité. Dionysos est la force vivifiante qui bouillonne dans la sève des plantes et s'épanouit en grappes dorées ; déchiré, foulé aux pieds, il renaît dans la liqueur sacrée des libations ; le sang de la vigne répandu sur l'autel devient l'image du sacrifice dans son acception la plus haute, la rédemption par la mort. Mais cette énergie qui fermente dans le vin, ce feu liquide qui nous fortifie et s'offre pour nous en sacrifice a sa source dans le soleil ; c'est le soleil dans l'hémisphère nocturne, le flambeau des morts, le chorège des blanches étoiles. Comme la chaleur et la vie qu'il répand dans la nature disparaissent en hiver pour renaître au printemps, il est le symbole de la résurrection des âmes, qui sont elles-mêmes des lumières, et ne s'éteignent ici que pour renaître ailleurs. L'idée de la vie future s'offrait souvent à l'esprit sous les riantes couleurs d'une ivresse éternelle ; aussi les Bacchanales sont-elles un des sujets le plus fréquemment reproduits sur les sarcophages.

La tendance au Panthéisme, déjà très visible dans le culte de Dionysos, se manifeste encore davantage dans les fables asiatiques d'Atys et d'Adonis, qui ont des rapports étroits avec la légende égyptienne d'Osiris. Le fond commun de tous ces symboles est la mort et la résurrection d'un Dieu. Dans la décadence du monde antique, le Polythéisme grec, déjà ébranlé par la philosophie, qui inclinait vers les dogmes unitaires, s'altérait de plus en plus par son mélange avec les religions de l'Orient qui débordaient confusément sur l'Europe. Le Christianisme représente le dernier terme de cette invasion des idées orientales en Occident.

ÉTAT PRÉSENT DES CROYANCES.

La résurrection des corps, qui est la forme de la métempsycose dans le Panthéisme égyptien, fut adoptée par les premiers prédicateurs du Christianisme. La fin du monde, annoncée comme très prochaine, frappait vivement les imaginations et contribua aux progrès rapides de la nouvelle doctrine. Quand cette catastrophe dut être reculée de siècle en siècle, le peuple avait déjà pris l'habitude d'invoquer ses Saints, comme si pour eux la résurrection était déjà accomplie.

L'idéal moral s'étant transformé, et la contemplation ascétique ayant pris le pas sur les vertus actives, le culte des Saints remplaça le culte des Héros. Ce fut la forme des religions locales et les Saints eurent dans les communes du Moyen Âge le rôle qu'avaient eu les Héros dans les cités grecques. La croyance à la vie future reprenait ainsi le caractère spiritualiste que lui avait donné la Grèce ; le Jugement dernier a fini par n'être plus qu'une mise en scène mythologique, et l'on a cessé de croire qu'il fallût attendre la fin des temps pour être réuni à ses amis. La philosophie de notre époque a essayé de reprendre l'idée de la métempsycose en l'adaptant à nos connaissances astronomiques, mais ces transmigrations de planète en planète n'ont obtenu quelque faveur que dans les classes lettrées ; la métempsycose est, comme dans l'Antiquité, une opinion de philosophes. Le peuple persiste à croire que ses morts sont toujours près de lui : s'il y a une religion naturelle à notre race, indépendante de toute éducation sacerdotale ou philosophique, c'est assurément celle-là.

Le peuple de Paris, qui est toujours l'initiateur moral, a, plus que tout autre peuple, la religion des morts ; c'est à Paris que s'est établi l'usage de se découvrir devant un cercueil. Chaque année le peuple va en foule aux cimetières renouveler les fleurs sur les tombes, spontanément, sans convocations officielles, sans prêtres ni cérémonies. La religion de la cité repose sur le souvenir de ceux qui sont morts pour elle : *plebeiæ Deciorum animæ*. Il y aura un jour des pèlerinages vers la ...... où sont ...... les ......, et vers la ...... ...... où s'élevait le ...... ...... Quoiqu'on ait ...... sur les ...... la ...... des ......, il y a partout, dans les ...... ...... et sur les ......, des autels invisibles, là où leur ...... a ...... la terre qu'ils ...... « Là, dit Eschyle, là ! Ici encore. Vous ne les voyez pas, mais moi je les vois. »

Le culte des morts est la religion de la famille, la seule religion qui soit accessible aux enfants. Ils ne comprennent pas les abstractions, ils ne s'élèvent pas aux idées générales, ils n'ont que des idées particulières, surtout des idées sensibles ; sous ce rapport, la plupart des hommes et presque toutes les femmes restent enfants toute leur vie. Quand on parle à un enfant d'un Dieu infini et présent partout, il ne sait ce que cela veut dire ; il répète la prière qu'on lui enseigne, parce que les enfants ont de la mémoire : un perroquet en ferait autant. Mais supposons que sa mère lui dise : « Te rappelles-tu ton grand-père, qui était si bon pour toi ? Tu ne peux plus le voir, mais il te voit, il sait tout ce que tu fais ; quand tu te conduis mal, il est triste ; quand tu te conduis bien, il est content, il te sourit comme autrefois. » L'enfant comprend, et ce souvenir éveille en lui la notion du devoir, en dehors de toute idée de récompense ou de punition. — Mais, dira-t-on, si l'on ne croit pas à la vie éternelle, doit-on donner à l'enfant une idée fausse ? — Vous ne savez pas si elle est fausse ou si elle est vraie ; mais n'y eût-il là pour vous qu'une expression mythologique, c'est la seule langue intelligible à l'enfant, chez qui l'imagination est toujours éveillée. C'est l'idée la plus simple et la plus claire qu'il puisse se faire d'une religion, c'est-à-dire d'un lien qui nous rattache, par l'affection et le devoir, à ceux qui nous entourent, et même aux amis qui ne sont plus avec nous.

Une famille est réunie pour l'anniversaire d'un grand deuil ; la place du père est vide à la table commune. « Il est toujours au milieu de nous, dit la mère ; il veille sur ceux qu'il a protégés pendant sa vie, et qui sont réunis en son nom. Qu'il maintienne entre nous tous la paix et la concorde. Prions-le de nous aider à supporter les épreuves de la vie, et d'écarter celles qui seraient au-dessus de nos forces. Qu'il nous éclaire et nous conduise toujours dans le droit chemin qui mène vers lui. » Si, parmi les fils, il y en a qui ne soient pas portés à croire à cette existence individuelle des morts, vont-ils combattre cette croyance, qui est pour leur mère veuve un espoir de réunion ? Non, car il n'y a pas plus de raison scientifique pour nier que pour affirmer. Ils traduiront la prière dans une autre langue : « Ce que nous pleurons, ce n'est pas un corps rendu à la terre, c'est une affection qui nous enveloppait, une conscience qui nous dirigeait. Ce qui était lui, c'étaient ses conseils, ses bienfaits et ses exemples : tout cela est vivant dans notre souvenir. Que sa pensée nous soit toujours présente, dans les luttes de la vie. Il y a des heures où l'ombre est bien épaisse : que ferait-il à notre place ? que nous dirait-il de faire ? c'est là qu'est le devoir. Par cela seul que nous pensons à lui, sa force bienfaisante s'étend sur nous et vient à notre aide comme pendant sa vie : c'est ainsi que les morts tendent la main aux vivants. »

Nos pères et nos amis, protecteurs des cités, protecteurs des familles, âmes des Héros et des Saints, ô morts ! où êtes-vous ? Cette seconde vie, à laquelle les plus sceptiques d'entre nous voudraient croire, dont les plus croyants voudraient avoir la preuve, est-elle autre part que dans vos œuvres, dont nous recueillons l'héritage, et dans le pieux souvenir de ceux qui vous aimaient ? Si la réponse vous était permise, vous ne nous auriez pas laissés si longtemps dans l'attente, car, vous le savez, nous ne craignons que les séparations éternelles, et nous accepterions ce long sommeil, sans le deuil et les derniers adieux. Ce n'est pas pour nous que nous désirons une renaissance : la plupart sentent bien qu'ils ne méritent pas d'être conservés. Mais on pense à ces nobles âmes qui traversent la vie comme des lumières, et quand on les voit s'éteindre, il semble que le monde serait incomplet sans elles et qu'il manquerait quelque chose à sa beauté.

---

1. *Perséphone*

# Le Dernier Apôtre de l'Hellénisme

## Extrait de son livre Le Voyage de Sparte

### Maurice Barrès

> *L'idée qu'on se faisait de la Grèce, de cette littérature et de cette contrée célèbre n'a pas toujours été la même en France, et elle a passé depuis trois siècles par bien des variations et des vicissitudes.*
>
> — Sainte-Beuve.

Au lycée de Nancy, en 1880, M. Auguste Burdeau, notre professeur de philosophie, ouvrit un jour un tout petit livre :

— Je vais vous lire quelques fragments d'un des plus rares esprits de ce temps.

C'étaient *les Rêveries d'un païen mystique*. Pages subtiles et fortes, qui convenaient mal pour une lecture à haute voix, car il eût fallu s'arrêter et méditer sur chaque ligne. Mais elles conquirent mon âme étonnée.

Avez-vous fait cette remarque que la clarté n'est pas nécessaire pour qu'une œuvre nous émeuve ? Le prestige de l'obscur auprès des enfants et des simples est certain. Aujourd'hui encore, je délaisse un livre quand il a perdu son mystère et que je tiens dans mes bras la pauvre petite pensée nue.

Les difficultés de la thèse de Ménard, l'harmonie de ses phrases pures et maigres, l'accent grave de Burdeau qui mettait sur nous l'atmosphère des temples, son visage blême de jeune contremaître des ateliers intellectuels, tout concourait à faire de cette lecture une scène théâtrale.

Trente petits provinciaux de Lorraine et d'Alsace n'étaient guère faits pour recevoir avec profit cette haute poésie essentielle, ce triple extrait d'Athènes, d'Alexandrie et de Paris. Il eût mieux valu qu'un maître nous proposât une discipline lorraine, une vue à notre mesure de notre destinée entre la France et l'Allemagne. Le polythéisme mystique de Ménard tombait parmi nous comme une pluie d'étoiles ; il ne pouvait que nous communiquer une vaine animation poétique. J'ai horreur des apports du hasard ; je voudrais me développer en profondeur plutôt qu'en étendue ; pourtant, je ne me plaindrai pas du coup d'alcool que nous donna, par cette lecture, Burdeau. Depuis vingt années, Ménard, sans me satisfaire, excite mon esprit.

Peu après, vers 1883, comme j'avais l'honneur de fréquenter chez Leconte de Lisle, qui montrait aux jeunes gens une extrême bienveillance, je m'indignai devant lui d'avoir vu, chez Lemerre, la première édition des *Rêveries* presque totalement invendue. À cette date, je n'avais pas lu les préfaces doctrinales de Leconte de Lisle, d'où il appert que l'esthétique parnassienne repose sur l'hellénisme de Ménard, et j'ignorais que les deux poètes eussent participé aux agitations révolutionnaires et stériles que le second Empire écrasa. Je fus surpris jusqu'à l'émotion par l'affectueuse estime que Leconte de Lisle m'exprima pour son obscur camarade de jeunesse. Je fus surpris, car ce terrible Leconte de Lisle, homme de beaucoup d'esprit, mais plus tendre que bon, s'exerçait continuellement au pittoresque, en faisant le féroce dans la conversation ; je fus ému, parce qu'à vingt ans, un novice souffre des querelles des maîtres que son admiration réunit. Leconte de Lisle me peignit

Ménard comme un assez drôle de corps (dans des anecdotes, fausses, je pense, comme toutes les anecdotes), mais il y avait, dans son intonation une nuance de respect. C'est ce qu'a très bien aperçu un poète, M. Philippe Dufour. « J'étais allé voir Leconte de Lisle, dit M. Dufour, au moment où la *Revue des Deux Mondes* publiait ses *Hymnes orphiques* : je suis content de ces poèmes, me déclara le maître, parce que mon vieil ami Ménard m'a dit que c'est dans ces vers que j'ai le plus profondément pénétré et rendu le génie grec. » La jolie phrase, d'un sentiment noble et touchant ! Belle qualité de ces âmes d'artistes, si parfaitement préservées que, bien au delà de la soixantaine, elles frissonnent d'amitié pour une même conception de l'hellénisme. « Tout est illusion, » a répété indéfiniment Leconte de Lisle, mais il a cru dur comme fer à une Grèce qui n'a jamais existé que dans le cerveau de son ami.

Heureux de donner un admirateur à Ménard, qui ne s'en connaissait guère, Leconte de Lisle me conduisit un matin chez Polydor, humble et fameux crémier de la rue de Vaugirard. Les Grecs, fort éloignés de nos épaisses idées de luxe, ont toujours réduit leurs besoins matériels à une frugalité qui nous paraîtrait misérable. Le vieil helléniste avait une maison place de la Sorbonne et, dans cette maison, une jeune femme charmante, mais il venait se nourrir pour quelques sous chez Polydor. Je vis mon maître, je vis des petits yeux d'une lumière et d'un bleu admirables au milieu d'un visage ridé, un corps de chat maigre dans des habits râpés, des cheveux en broussailles : au total, un vieux pauvre animé par une allégresse d'enfant et qui éveillait notre vénération par sa spiritualité. Nul homme plus épuré de parcelles vulgaires. Si j'aime un peu l'humanité, c'est qu'elle renferme quelques êtres de cette sorte, que d'ailleurs elle écrase soigneusement.

Depuis cette première rencontre, je n'ai jamais cessé d'entretenir des relations avec Louis Ménard. Je montais parfois l'escalier de sa maison de la place de la Sorbonne. J'évitais que ce fût après le soleil couché, car, sitôt la nuit venue, en toute saison, il se mettait au lit, n'aimant pas à faire des dépenses de lumière. Il occupait à l'étage le plus élevé une sorte d'atelier vitré où il faisait figure d'alchimiste dans la poussière et l'encombrement. On y voyait toute la Grèce en moulages et en gravures qu'il nous présentait d'une main charmante, prodigieusement sale. D'autres fois, nous faisions des promenades le long des trottoirs. Il portait roulé autour de son cou maigre un petit boa d'enfant, un mimi blanc en poil de lapin. Peut-être que certains passants le regardaient avec scandale, mais, dans le même moment, il prodiguait d'incomparables richesses, des éruditions, des symboles, un tas d'explications abondantes, ingénieuses, très nobles, sur les dieux, les héros, la nature, l'âme et la politique : autant de merveilles qu'il avait retrouvées sous les ruines des vieux sanctuaires.

C'était un homme un peu bizarre, en même temps que l'esprit le plus subtil et le plus gentil, ce Louis Ménard ! En voilà un qui ne conçut pas la vie d'artiste et de philosophe comme une carrière qui, d'un jeune auteur couronné par l'Académie française, fait un chevalier de la Légion d'honneur, un officier, un membre de l'Institut, un commandeur, un président de sociétés, puis un bel enterrement ! Il a été passionné d'hellénisme et de justice sociale, et toute sa doctrine, long monologue incessamment poursuivi, repris, amplifié dans la plus complète solitude, vise à nous faire sentir l'unité profonde de cette double passion.

Comme Jules Soury, fils d'un opticien, et comme Anatole France, fils d'un libraire, Louis Ménard est né de commerçants parisiens, nés eux-mêmes à Paris. Tous les trois, en même temps qu'ils m'émerveillent par leur aisance à respirer et à s'isoler au plus épais de la grande ville (d'où ils s'absentent rarement), sont aimables, curieux, ornés, simples de mœurs. Tout aboutit et se combine dans leurs cerveaux ; ils sont, comme leur ville, des esprits carrefours, tout à la fois athées et religieux.

Ménard est né dans l'automne de 1822 (19 octobre), rue Gît-le-Cœur. Il eut pour compagnon d'études, au collège Louis-le-Grand, Baudelaire qui le précédait de deux ans. En 1846, ils firent la connaissance de Leconte de Lisle qui débarquait à Paris. Celui-ci m'a raconté que, dès le premier jour, Baudelaire leur récita *la Barque de Don Juan*. Je crois avoir distingué que Leconte de Lisle appréciait mal Baudelaire. Le désir de produire de l'effet rendait le jeune Baudelaire insupportable : les poètes sont souvent démoniaques. Et puis, son parti pris aristocratique devait choquer dans ce petit cénacle où les Leconte de Lisle, les Ménard, les Thalès Bernard participaient de l'esprit généreux et absurde du Paris révolutionnaire à la fin du règne de Louis-Philippe.

Ménard travaillait dans le laboratoire du chimiste Pelouze. On lui doit la découverte du collodion, d'un usage si important par ses applications au traitement des plaies, à la chirurgie, aux matières explosibles et par son emploi décisif pour la photographie. C'est encore lui qui, le premier, réussit à cristalliser la mannite électrique, le plus puissant explosif connu. Au jugement de M. Marcelin Berthelot, Ménard était près des grandes découvertes modernes. Il tentait la fabrication du diamant, à côté de son ami Paul de Flotte, qui cherchait à faire de l'or, quand la révolution de 1848 éclata.

Tous ces jeunes gens se jetèrent dans le mouvement socialiste.

Louis Ménard, transporté d'indignation par les fusillades de Juin, publia des vers politiques, *Gloria victis*, et toute une suite d'articles, intitulés : *Prologue d'une Révolution*, qui lui valurent quinze mois de prison et 10 000 francs d'amende. Il passa dans l'exil, où il s'attacha passionnément à Blanqui et connut Karl Marx. Il vivait en aidant son frère à copier une toile de Rubens. Leconte de Lisle, envoyé en Bretagne par le Club des Clubs, pour préparer les élections, était resté en détresse à Dinan. Il gardait sa foi républicaine, mais se détournait, pour toujours, de l'action. Il s'efforça de ramener le proscrit dans les voies de l'art : « En vérité, lui écrivait-il, n'es-tu pas souvent pris d'une immense pitié, en songeant à ce misérable fracas de pygmées, à ces ambitions malsaines d'êtres inférieurs ? Va, le jour où tu auras fait une belle œuvre d'art, tu auras plus prouvé ton amour de la justice et du droit qu'en écrivant vingt volumes d'économie politique. »

Le grand silence de l'Empire les mit tous deux au même ton. Et Ménard, à qui l'amnistie de 1852 venait de rouvrir les portes d'une France toute transformée, s'en alla vivre dans les bois de Fontainebleau.

Si l'on feuillette l'histoire ou simplement si l'on regarde autour de soi, on est frappé du grand nombre des coureurs qui lâchent la course peu après le départ, et qui, voyant le train dont va le monde, ne daignent pas concourir plus longtemps. Les hommes sont grossiers et la vie injuste. On peut s'exalter là-dessus et dénoncer les violences des puissants et la bassesse des humbles ; on peut aussi se réfugier dans le rêve d'une société où régneraient le bonheur et la vertu. Cette société édénique, selon Ménard, ce fut la Grèce. Il entreprit de la révéler aux cénacles des poètes et des républicains.

José-Maria de Heredia a souvent entendu Ménard lire du grec : « Ménard prenait un vieil in-folio à la reliure fatiguée, Homère, Anacréon, Théocrite ou Porphyre, et traduisait. Aucune difficulté du texte ne pouvait l'arrêter, et sa voix exprimait une passion telle que je n'en ai connue chez aucun autre homme de notre génération. La vue seule des caractères grecs le transportait ; à la lecture, il était visible qu'il s'animait intérieurement ; au commentaire, c'était un enthousiasme. Sa face noble s'illuminait. Il en oubliait les soins matériels de la vie. Un soir d'hiver que nous expliquions l'Antre de Porphyre, je dus lui dire tout à coup qu'il faisait plus froid dans sa chambre sans feu que dans l'Antre des Nymphes. »

En sa qualité d'helléniste, Ménard poursuivait le divin sur tous les plans de l'univers : comme peintre dans la nature, comme poète dans son âme, comme citoyen dans la société. Il vécut et travailla avec les peintres de Barbizon, avec Troyon à Toucques, avec Jules Dupré à l'Isle-Adam, avec Rousseau. Pendant dix années, il a exposé une quantité de paysages au Salon. Le public les méconnut, mais Théophile Gautier les aima. J'ai vu l'entassement des toiles de Ménard couvertes de poussière dans sa maison de la Sorbonne. On dit avec justesse que le délicieux peintre-poète René Ménard a hérité et employé les dons de son oncle. Après avoir inspiré les hautes pages d'esthétique qui précèdent la première édition des *Poèmes antiques*, Louis Ménard publia ses propres poésies (1855), mais en façon de testament. S'était-il découragé devant la maîtrise de son ami ? « Je publie ce volume de vers, qui ne sera suivi d'aucun autre, disait-il, comme on élève un cénotaphe à sa jeunesse. Qu'il éveille l'attention, ou qu'il passe inaperçu, au fond de ma retraite, je ne le saurai pas. Engagé dans les voies de la science, je quitte la poésie pour n'y jamais revenir. » Essentiellement, ce qu'il demandait à l'étude de l'hellénisme, c'était d'accorder ses méditations et son activité, ses rêves d'art, sa turbulence révolutionnaire de jeune Parisien et son incontestable générosité citoyenne.

Au cours de ses longues rêveries dans les bois, sa prédilection pour la Grèce et sa haine de la Constitution de 1852 s'amalgamèrent. Il s'attacha au polythéisme comme à une conception républicaine de l'univers. Pour les sociétés humaines comme pour l'univers, l'ordre doit sortir de l'autonomie des forces et de l'équilibre des lois ; la source du droit se trouve dans les relations normales des êtres et non dans une autorité supérieure : Homère et Hésiode prononcent la condamnation de Napoléon III.

Ménard exposait ces vues à M. Marcelin Berthelot, au cours de longues promenades péripatéticiennes, sous les bois paisibles de Chaville et de Virollay. M. Berthelot et son ami Renan étaient des réguliers. Ils pressèrent Ménard de donner un corps à ses théories ingénieuses sur la poésie grecque, les symboles religieux, les mystères, les oracles, l'art, et de passer son doctorat. Ils auguraient que sa profonde connaissance du grec lui assurerait une belle carrière universitaire.

La soutenance de Ménard eut beaucoup d'éclat. Nous avons sa thèse dans le livre qu'il a intitulé : *La morale avant les philosophes*, et qu'il compléta, en 1866, par la publication du *Polythéisme hellénique*. C'est quelque chose d'analogue, si j'ose dire, au fameux livre de Chateaubriand ; c'est une sorte de *Génie du polythéisme*. Le polythéisme était un sentiment effacé de l'âme humaine ; Ménard l'a retrouvé. Il est le premier qui n'ait pas partagé l'indignation de Platon contre la mort de Socrate. Socrate se croyait bien sage de rejeter les traditions antiques et de dénoncer des fables grossières ; il pensait épurer l'intelligence athénienne et dissiper les ténèbres de l'obscurantisme, mais un scepticisme général sortit de son enseignement. Un peuple qui a renié ses dieux est un peuple mort, écrit Ménard. Et ce n'est pas l'art seulement, c'est la liberté qui mourait avec le polythéisme.

Le nouveau docteur désirait de partir pour la Grèce et il allait l'obtenir, quand un fonctionnaire s'y opposa, sous prétexte que la thèse du postulant se résumait à dire que « le polythéisme est la meilleure des religions, puisqu'elle aboutit nécessairement à la république. »

Ce fonctionnaire impérial avait bien de l'esprit.

Avec son émotivité d'artiste et de Parisien, Ménard était à point pour participer à tous les enthousiasmes et toutes les bêtises de l'*Année terrible*. Heureusement qu'une pleurésie l'empêcha de prendre part à la Commune. Il se serait fait tuer sur les barricades ou exécuter par les tribunaux de répression. Il ne put que la glorifier. Ses amis blâmèrent son exaltation. Il s'enfonça tout seul dans l'ombre.

Il y médita son chef-d'œuvre, les *Rêveries d'un païen mystique*.

Ce petit volume mêlé de prose et de vers, d'une dialectique allègre et d'un goût incomparable, un des honneurs du haut esprit français assailli par le vulgaire et par les étrangers, peut servir de pierre de touche pour reconnaître chez nos contemporains le degré de sensibilité intellectuelle.

Nos plus illustres mandarins, la chose éclate avec scandale dans le *Tombeau de Louis Ménard* (édité par le jeune Édouard Champion), ignoraient ou ne comprirent pas Ménard. C'est qu'à notre époque, il y a plus d'écrivains à tempérament que d'esprits justes et plus de brutalité que de maîtrise.

Sur le tard, l'auteur des *Rêveries* eut une grande satisfaction. Le conseil municipal de Paris, soucieux de dédommager un vieil enthousiaste révolutionnaire, créa pour Ménard un cours d'histoire universelle à l'Hôtel de Ville. Louons les gens d'esprit qui firent agréer Ménard par une majorité d'anticléricaux et de socialistes bien incapables de le juger. En réalité, les idées sociales et religieuses du vieil hellénisant ne pouvaient satisfaire aucun parti ; même elles devaient déplaire gravement à tous les élus, de quelque coterie qu'ils fussent, car le programme politique de Ménard, c'est, avant tout, la législation directe et le gouvernement gratuit, qu'il emprunte aux républiques de l'Antiquité. Ménard méprisait de tout son cœur notre prétendue démocratie : « Je resterai dans l'opposition, m'écrivait-il un jour, tant que nous ne serons pas revenus à la démagogie de Périclès. » Dans cette attente, et pour mieux protester contre un siècle trop peu athénien, il se tenait dans les partis extrêmes ; mais il repoussait le parti des satisfactions du ventre. Il ne pensait pas qu'on pût se passer d'une règle idéale pour la conduite de la vie. Cela éclate dans ses cours, dédiés à Garibaldi, comme au champion de la démocratie en Europe. Ils sont d'un grand esprit, mais qui mêle à tout des bizarreries. « J'aime beaucoup la Sainte Vierge, m'écrivait-il ; son culte est le dernier reste du polythéisme. » À l'Hôtel de Ville, il justifiait les miracles de Lourdes et, le lendemain, faisait l'éloge de la Commune. Le scandale n'alla pas loin, parce que personne ne venait l'écouter.

En hiver, Ménard professait dans la loge du concierge de l'Hôtel de Ville. À quoi bon chauffer et éclairer une salle ? N'était-il pas là très bien pour causer avec l'ami et unique auditeur qui le rejoignait ?

C'est peut-être chez ce concierge et dans les dernières conversations de Ménard qu'on put le mieux profiter de sa science fécondée par cinquante ans de rêveries. Ce poète philosophe n'avait jamais aimé le polythéisme avec une raison sèche et nue ; mais, à mesure qu'il vieillit, son cœur, comme il arrive souvent, commença de s'épanouir. Il laissa sortir des pensées tendres qui dormaient en lui et qu'un Leconte de Lisle n'a jamais connues.

Il me semble que nous nous augmentons en noblesse si nous

rendons justice à toutes les formes du divin et surtout à celles qui proposèrent l'idéal à nos pères et à nos mères. Leconte de Lisle m'offense et se diminue par sa haine politicienne contre le Moyen Âge catholique. Il veut que cette haine soit l'effet de ses nostalgies helléniques ; j'y reconnais plutôt un grave inconvénient de sa recherche outrancière, féroce du pittoresque verbal. Le blasphème est une des plus puissantes machines de la rhétorique, mais une âme qui ne se nourrit pas de mots aime accorder entre elles les diverses formules religieuses. Ménard se plaisait à traduire sous une forme abstraite les dogmes fondamentaux du christianisme, afin de montrer combien ils sont acceptables pour des libres penseurs. Et par exemple, il disait que, si l'on voulait donner au dogme républicain de la fraternité une forme vivante et plastique, on ne pourrait trouver une image plus belle que celle du Juste mourant pour le salut des hommes.

Je soupçonne bien qu'il y a une part de jeu littéraire dans cette interprétation des symboles, mais elle est servie, protégée par un goût exquis. C'est de la science animée par le plus délicat amour. Et puis, de tels jeux de l'esprit sont d'une grande importance pour la paix sociale. Ils permettent de concilier la foi, le doute et la négation ; ils aident des athées, des esprits passionnés pour l'analyse et l'examen à éviter l'anarchie et à s'accommoder de l'ordre traditionnel qui porte nos conceptions de la vertu et de l'honneur.

Je ne puis pas regarder sans attendrissement la position qu'a prise Ménard dans l'équipe des Burnouf, des Renan, des Taine et des Littré. Ces grands travailleurs attristés, attristants, nous font voir les dieux incessamment créés et puis détruits par nous autres, misérables hommes Imaginatifs. La conséquence immédiate de cette vue sur la mutabilité des formes du divin devrait être de nous désabuser des dieux. Mais par une magnifique ressource de son âme de poète, Louis Ménard y trouve un argument de plus en leur faveur. Ils sont tous vrais, puisqu'on doit voir en eux les affirmations successives d'un besoin éternel.

Que l'on me passe une image qui n'est irrespectueuse qu'en

apparence. Ménard me fait songer à la sœur de Claude Bernard, qui, pour réparer les crimes de la physiologie, a ouvert un asile de chiens. Louis Ménard, le compagnon de ces philologues qui détruisirent, chez nous, la religion, a prétendu abriter dans son intelligence tous les dieux. Il ne les jette point ignominieusement au Schéol ; il les recueille et les honore comme sur un Olympe, dans sa conscience d'historien et d'artiste. Chez ce grand Aryen vivent côte à côte toutes les formes de l'idéal. Ménard n'a pas jeté le cri blasphémateur de James Darmesteter, un cri dont Leconte de Lisle se convulsait de plaisir. James Darmesteter, âpre prophète d'Israël, a vu dans un songe le Christ tombé du ciel et assailli par les huées des mille dieux qu'il avait détrônés : « Te voilà donc blessé comme nous, Galiléen, te voilà semblable à nous. Ta splendeur s'est éteinte et tes lyres se sont tues. » Ménard n'admet point qu'aucune splendeur se soit éteinte, ni qu'aucune lyre se soit tue. Il prophétise la communion universelle des vivants et des morts, la grande paix des dieux. Et, spécialement, il honore dans le christianisme l'héritier de la morale grecque. Entre tous les grands systèmes encore vivants de philosophie sociale, seule la doctrine du Christ fait une place pour l'énergie virile de la lutte contre soi-même, pour l'héroïque effort de la volonté ; elle établit la suprématie de l'âme sur les attractions du dehors.

Toutefois, pour nuancer exactement la pensée chrétienne de Ménard, observons qu'il disait : « Je ne puis être chrétien, qu'à la condition d'être protestant, car je tiens absolument à garder mon droit illimité de libre examen et d'interprétation. » Peut-être suivait-il là une inclination de famille ; je suppose que c'est lui-même qui parle, quand il fait dire à un personnage de ses petits dialogues : « Mon trisaïeul est mort dans la persécution qui suivit la révocation de l'Édit de Nantes et ses enfants ont été convertis au catholicisme par autorité du roi. » Plus sûrement, il subissait les mêmes influences intellectuelles qui décidèrent un Taine, né catholique et devenu un pur stoïcien, à réclamer pour son enterrement un pasteur. Dans ce temps-là, Renouvier, l'ami de Ménard, voulait protestantiser la France. Il faudra qu'on étudie un jour comment la crise de 1870-71 obligea et oblige encore les libres penseurs individualistes à reconnaître la nécessité d'un lien social, d'une religion.

La Grèce avait été présente sous chacune des pensées et l'on peut dire sous chacun des actes de Ménard. C'est sur la guerre de l'indépendance hellénique, de 1821 à 1828, qu'il fit ses dernières leçons. Ce suprême hommage à ses chers Hellènes fut d'ailleurs annulé par l'étrange manie où il venait de tomber.

Vers la fin de sa carrière, ne s'avisa-t-il pas de se passionner pour la réforme de l'orthographe ! Ses ouvrages n'ayant jamais eu les lecteurs auxquels son génie l'autorisait à prétendre, il se préoccupa de dégoûter ses rares fidèles. Il fit des sacrifices pour qu'on réimprimât les *Rêveries d'un païen mystique* en orthographe simplifiée. Il ne simplifiait ni la tâche de ses lecteurs ni la tâche de ses imprimeurs. Ce nouveau texte est ignoble à l'œil et, pour l'entendre, il faut le lire à haute voix.

J'ai eu l'honneur d'avoir Ménard pour collaborateur à *la Cocarde* (septembre 1894 à mars 1895), où furent ébauchées toutes les idées d'une régénération française. Il s'agissait de faire « sentir que le parti fédéraliste était le parti national et que le parti national perdrait les trois quarts de ses forces s'il ne devenait pas un parti fédéraliste. On insistait pour substituer au patriotisme administratif un patriotisme terrien et remplacer l'image de la France idéale chère à quelques rhéteurs par l'idée d'une France réelle, c'est-à-dire composée, comme dans la réalité, de familles, de communes et de provinces : tous éléments non point contraires ou divisés entre eux, mais variés, sympathiques et convergents[1]. » Louis Ménard nous avait apporté une belle étude : *Les classes dirigeantes et les ennemis de la société*. Il désira qu'elle fût orthographiée d'après son système. Il fallut plus de cinq épreuves pour arriver à maintenir les fautes que la grammaire réprouvait, et que Ménard exigeait. Quand le secrétaire de rédaction, enfin, eut obtenu le bon à tirer, le public se fâcha : « Quel charabia incompréhensible ! » Et Ménard se désolait : « Ils ont encore corrigé mes fautes. »

Il y a du défi au public dans cette extrémité d'un homme de grand goût gâtant son œuvre à plaisir. Une part de responsabilité est imputable à mon homonyme M. Jean Barès, qui est venu de Colombie à Paris pour réformer le français. Un galant homme, d'ailleurs, et qui donne l'exemple du sacrifice de toutes les manières. Il consacre ses revenus à subventionner ceux qui écrivent aussi mal que lui, c'est-à-dire qui suppriment les lettres redoublées, et même, pour donner l'exemple, il s'est exécuté, il a supprimé un *r* dans notre nom. Mais pourquoi ne s'appelle-t-il pas Jan, comme jambon ?

Puisque toute manière d'écrire est conventionnelle, je ne perdrai pas mon temps à apprendre une nouvelle orthographe. L'honorable Colombien me dit qu'il y a des règles compliquées et des mots difficiles. Eh ! monsieur ! qui vous empêche de faire des fautes ? On ne vous mettra pas à l'amende.

Je souhaite que M. Jean Barès échoue dans son apostolat. Pour tout le reste, mes vœux l'accompagnent, car il plaisait beaucoup, je dois le reconnaître, à mon vénéré maître Ménard. D'ailleurs nous devons à ce fâcheux M. Barès une page délicieuse. Je veux la transcrire, charmante et bizarre, telle qu'il l'a donnée dans le *Tombeau de Louis Ménard*.

« Malgré tous ses déboires, Ménard avait conservé un fond de gaîté... Lors de sa dernière vizite au *Réformiste* (c'est le journal de M. Barès), nous cauzâmes longuement de la réforme, de la vie et même de la mort qu'il sentait venir.

« — Je suis vieus et bien cassé, me dizait-il, néanmoins une bien grande et bèle dame est devenue amoureuse de moi et a solicité mon portrait.

« — Diable, lui dis-je, céte dame ne semble pas vous croire aussi cassé qe vous prétendez l'être.

« — Je n'en sais rien, me dit-il, mais le fait est vrai.

« — Mon cher maître, je n'en doute pas.

« — Oui, je vois qe vous en doutez, et pour qe vous n'en doutiez plus, je vais vous dire son nom.

« — Comme vous voudrez.

« — Eh bien ! la dame en question n'est autre que la ville de Paris qi m'a demandé le portrait dont je vous ai parlé pour le placer au muzée du Luxembourg.

« Aussitôt son explication terminée, le cher maître se mit à rire et je fis comme lui, bien qe ce fût un peu à mes dépens.

« Un moment plus tard Ménard reprenait :

« — La ville de Paris n'est pas la seule dame qi me dézire, je suis aussi courtisé par une autre. Céte dernière est moins bêle, mais èle est encore plus puissante, ce qi ne suffit pas à me la faire aimer. Néanmoins, èle sait qe je ne la crains pas. Voulez-vous savoir son nom ?

« — Je veux bien.

« — Èle s'apèle la Mort.

« Hélas ! les deus amoureuzes de l'inoubliable et grand Louis Ménard ont obtenu satisfaction : l'une a reçu le portrait et l'autre a emporté l'original. »

Quelle charmante histoire, n'est-ce pas, mais quelle cacographie !

La dernière fois que je vis Louis Ménard, il se réjouissait d'une longue étude que Philippe Berthelot, le fils de l'illustre savant, projetait sur son œuvre. Je me serais bien mal expliqué dans les pages qui précèdent si l'on pouvait admettre chez le vieux philosophe déclinant la moindre vanité d'auteur : « Ne parlez pas de moi, parlez de mes idées, » disait-il à son jeune admirateur. Philippe Berthelot promit à Louis Ménard de « bien parler des dieux d'Homère. » Le pauvre et délicieux homme est mort sans cette satisfaction qu'il attendait impatiemment.

Depuis lors, Philippe Berthelot a publié des *Pages choisies*, précédées d'une étude digne de son objet. J'en veux citer une belle page :

« Louis Ménard est mort le 9 février 1901, dans cette petite rue du Jardinet qui traverse la cour de Rohan, blottie au creux d'un mur d'enceinte du vieux Paris ; c'est là qu'il s'est éteint au milieu des ouvriers et des gens du peuple, pour qui il avait rêvé la justice ; au ras de terre, car il ne pouvait plus marcher. À son chevet le vieux païen a cru voir la sombre figure des Érynies et il a confessé ses fautes. Mais devons-nous oublier l'indifférence du siècle ? À son heure dernière, accablé par le sentiment de sa solitude, il a douté de son génie. Il est parti, délaissé par ceux à qui il avait tout donné ; mais pardonné de celle qu'il avait aimée et méconnue : c'est à peine si l'on a pu mettre dans sa main fermée une de ses belles médailles grecques, l'image divine d'Athéné, l'obole que réclamait Charon. »

Il y a dans ces lignes harmonieuses et voilées tout le drame intime de la vie de Ménard.

J'ai bien des fois cherché à comprendre ce véritable scandale qu'est l'échec de Louis Ménard. Comment l'un des esprits les plus originaux de ce temps, à la fois peintre et poète, érudit et savant, historien et critique d'art, admiré de Renan, de Michelet, de Gautier, de Sainte-Beuve, a-t-il pu vivre et mourir ainsi complètement inconnu du public ?

L'ardeur de sa pensée démocratique a-t-elle éloigné de lui les craintifs amis des lettres ? A-t-il distrait la gloire en s'essayant dans des genres si divers ? Peut-être, mais surtout il y a trop de gens qui lisent aujourd'hui. Leur masse, en se portant sur un livre médiocre, crée des succès injustifiés et rejette dans l'ombre des ouvrages de la plus haute valeur.

Je crois, en outre, que Ménard fut gêné de la manière la plus déplorable et la plus comique par un tas d'homonymes. Sa découverte du collodion est attribuée par les dictionnaires spéciaux à un Américain nommé Maynard qui, de bonne foi, la refit en effet, après lui, et, sans les rectifications proposées par M. Berthelot, l'erreur durerait encore. Plusieurs littérateurs, dont un qui eut cette aventure de publier comme inédites des pages de Bossuet qui figuraient déjà dans les *Œuvres complètes*, portent les noms de Menars,

Mesnard, Maynard et même de Louis Ménard ; ils n'ont pas peu contribué à embrouiller les notions du public. Un jour que j'avais cherché dans un article de journal à tracer de notre maître une image exacte et noble, un lecteur m'écrivit : « Merci, monsieur, de nous avoir donné, à ma femme et à moi, des nouvelles du joyeux compagnon qui nous a tant fait rire dans un voyage à Dieppe l'an dernier. Nous avions bien soupçonné que ce charmant garçon écrivait, car personne ne tournait comme lui le calembour. » Mon correspondant s'égarait grossièrement. Le sentiment religieux demeura toujours le centre de Ménard, et même cette préoccupation suffit à expliquer son échec auprès du public. L'attitude d'un laïque et d'un libre penseur, qui, sans préoccupation polémique, étudie le divin, est peut-être bien ce qu'il y a de plus étranger à notre goût français.

Ménard posséda toutefois un disciple, M. Lamé, esprit exalté, d'une rare distinction. Il ne le garda pas longtemps. Après avoir prié Brahma toute une nuit, M. Lamé se jeta par la fenêtre en disant :

— Je m'élance dans l'éternité.

Un ami commun, M. Droz, ne voulut pas croire à cette mort extraordinaire.

— Je savais bien qu'il était fou, disait-il à Ménard, mais je croyais que c'était comme vous.

Ces hautes préoccupations du sentiment religieux plaisent beaucoup aux étrangers ; Ménard, s'il était traduit, aurait un immense succès dans les pays anglo-saxons. Avant la guerre, il y avait des curiosités de cette sorte en France. Elles nous valurent certaines *Méditations* de Lamartine, le *Port-Royal* de Sainte-Beuve, l'œuvre de Renan et la poésie de Leconte de Lisle. Je suis arrivé à Paris assez à temps pour en recueillir l'écho. Mais, de plus en plus, notre inaptitude à saisir ce qu'est la religion se constate par l'impuissance où nous sommes, plus qu'aucun autre peuple en Europe, à résoudre nos difficultés éternelles de cléricalisme et d'anti-cléricalisme. Nos lettrés, à cette heure, ne font plus oraison. Pour ma part, je dois l'avouer, quand Ménard, depuis l'Acropole ou, plus exactement, depuis le Serapeum d'Alexandrie, regarde l'écoulement éternel de la matière divine, il m'inspire du respect plutôt qu'il ne conseille mon activité. J'admire son grand art, jamais appuyé, d'écrivain ; je m'ennoblis en goûtant sa poésie ; sa figure solitaire, un peu bizarre, me repose de tant d'âmes intéressées ou communes ; parfois j'invoque son autorité, puisque aussi bien il a entrevu certaines conséquences de ce culte des morts qui semble se former dans nos grandes villes modernes ; et pourtant, sa pensée de fond, son polythéisme m'ennuie. C'est peut-être Ménard qui m'a conseillé le voyage de Grèce, mais sa voix, si plaisante sous le ciel nuancé de Paris, n'a tout de même pas su m'émouvoir d'une vénération qui donnât leur sens plein, leur vie mystique aux temples quand je foulai le vieux sol pittoresque.

**Maurice Barrès.**

---

1. Charles Maurras : *L'Idée de la décentralisation.*

Copyright © 2022 par Alicia Éditions
Credits Images : www.canva.com
Création graphique : Alicia Éditions
Modernisation du texte : Alicia Éditions
Tous droits réservés

www.ingramcontent.com/pod-product-compliance
Lightning Source LLC
LaVergne TN
LVHW032203070526
838202LV00008B/290